ANJA LAUCKNER

mit Doris Mendlewitsch

Schwarz steht mir einfach nicht

ANJA LAUCKNER
mit Doris Mendlewitsch

Schwarz steht mir einfach nicht

Mein Leben ohne Kai.
Ein Buch über die Liebe und den Tod

LUDWIG

Die Erinnerung von Anja Lauckner bildet die Grundlage
für die in diesem Buch enthaltenen Dialoge und Schriftwechsel.
Die Gespräche werden sinngemäß wiedergegeben.
Ein Anspruch auf eine wörtliche Übereinstimmung
mit den tatsächlich erfolgten Dialogen
und Schriftwechseln wird nicht erhoben.
Zum Schutz einiger genannter Personen
wurden ihre Namen anonymisiert.

MIX
Papier aus verantwortungsvollen Quellen
FSC® C014889

Verlagsgruppe Random House FSC® N001967
Das für dieses Buch verwendete
FSC®-zertifizierte Papier *EOS*
liefert Salzer Papier, St. Pölten, Austria.

www.ludwig-verlag.de
Redaktion: Anja Freckmann, Bernried
Umschlaggestaltung: Eisele Grafik-Design, München
Umschlagfotos vorne und hinten: Susanne Krauss, Grafing
Foto Seite 252: Anja Lauckner
Satz: Leingärtner, Nabburg
Druck und Bindung: Pustet, Regensburg
Printed in Germany

ISBN 978-3-453-28072-4

Meiner Familie –
mit deren Vertrauen und Beständigkeit
ich alles im Leben meistern kann

Inhalt

01 Jetzt

Wenn ich Leuten Fotos von vorher zeige, erkennen mich die meisten gar nicht. Sie sehen eine nette junge Frau, ein kleines bisschen rundlich im Gesicht (und nicht nur dort), undefinierbar brünettes Haar, zu einem ordentlichen Pagenkopf frisiert, brave Brille. Durchaus sympathisch, aber eher unauffällig. Ein bisschen bieder vielleicht.

Wer mich jetzt sieht, gewinnt einen vollkommen anderen Eindruck: fast schwarzes Haar, Kurzhaarschnitt, grafisch graue Brille, schlanker, oft in einem Kleid mit ausgefallenem Muster.

Zwischen »vorher« und »jetzt« liegen nur ein paar Jahre. Keine lange Zeit, aber eine, in der alles anders geworden ist. Es sind vier Jahre ohne Kai. Kai war mein Mann, ist mein Mann. Als er starb, war er sechsunddreißig. Ich war einunddreißig, und unser Sohn Nils wurde gerade eingeschult.

Sein Tod ist das Schrecklichste, was in meinem Leben passiert ist. Dennoch, so seltsam es klingen mag: Die Zeit seiner Krankheit und seines Sterbens war auch schön. Unglaublich schön sogar. Ich würde sagen: Auf eine sehr besondere Art hat sie uns und unsere Liebe bereichert.

Vermisse ich ihn? Ja, er fehlt mir unendlich, bis zur Schmerzgrenze und darüber hinaus. Warum sehe ich trotzdem nicht aus wie eine trauernde Witwe?

Ein »Problem« ist, dass man mir nicht anmerkt, wenn es mir dreckig geht. Selbst wenn ich die ganze Nacht durchgeweint habe: keine dicken Augen am nächsten Morgen, keine rote Nase, alles prima. Die meisten Menschen beneiden mich darum, aber es hat auch schon richtig unangenehme Missverständnisse gegeben. Die meisten Menschen haben nämlich ganz genaue Vorstellungen davon, wie Trauer auszusehen hat – bei anderen. Und wenn man diesen Vorstellungen nicht entspricht, werden sie sauer.

Die meisten Menschen glauben, dass man mit dem Trauern anfängt, nachdem ein Mensch gestorben ist. Kai und ich haben es anders gemacht, wir haben zusammen das Trauern begonnen, nicht auf die letzte Sekunde gewartet. Denn wer weiß, wann sie kommt und was dann ist.

Wir haben die Zeit, die uns blieb, genutzt, um einander zu lieben und zu spüren und miteinander zu sprechen. Diese Liebe und dieses Zutrauen zueinander, dieses Gemeinsame ist etwas Großartiges, das einem auf der letzten Strecke und danach sehr hilft. Immer denke ich über dieses Geschenk nach, wenn ich höre, dass Menschen durch einen Autounfall oder einen Flugzeugabsturz ums Leben gekommen sind oder von einem Moment auf den anderen tot zusammenbrechen. Mir fährt der Schreck in die Glieder, wenn ich an Verunglückte und ihre Angehörigen denke, die keine Zeit hatten, um sich zu verabschieden.

Aber auch diejenigen, die Zeit hätten, lassen sie verstreichen, das habe ich oft bemerkt, wenn ich Kai im Krankenhaus oder auf der Palliativstation besuchte. Sie leugnen das Unabwendbare, sie glauben, dass man am besten nicht darüber spricht, weil ja alles so traurig ist, weil es den Kranken belastet oder man den künftigen Hinterbliebenen die Wahrheit nicht zumuten darf. Aber das stimmt nicht, oft ist es sogar so, dass der Todkranke ruhiger wäre, wenn er offen über das sprechen könnte, was kommt. Irgendwann weiß er, wie es um ihn steht. Wenn er dann optimistische Durchhalteparolen hört oder Abwehr verspürt, ist er einsam. Er bleibt mit dem, was ihn besorgt, allein.

Kai und ich haben das anders gemacht, wir haben intensiv darüber gesprochen und uns versucht vorzustellen, wie es sein würde, wenn er nicht mehr da wäre. Einige Menschen haben das nicht verstanden, sie hielten uns für frivol, wenn wir über die Zeit »danach« sprachen. Es war aber nicht gefühllos oder gar brutal, ganz im Gegenteil. Es war von einer großen Liebe getragen – die uns auch half, die Krisen während der Krankheit zu überstehen, von denen es einige gab.

Möglicherweise denkt der eine oder andere, dieser Umgang mit dem Sterben und dem Tod sei für ihn selbst unmöglich. Vielleicht ist das so. Vielleicht aber auch nicht. Das waren ja keineswegs nur todtraurige Erwägungen, wir haben auch oft gelacht dabei. Wir haben uns gleichsam noch einmal neu kennen- und lieben gelernt unter diesen ganz besonderen Bedingungen – und das ist für die Zeit danach etwas sehr Wertvolles, eine große Stütze.

Es war unser Weg. Er eignet sich möglicherweise nicht für jeden. Aber ich meine, man sollte sich trauen, das Leben auf den Tod hin als Glück zu empfinden – ob man nun an ein Weiterleben nach dem Tod glaubt oder nicht. Keiner sollte aus Angst vor dem großen Thema des Sterbens die letzte Strecke blind und taub zurücklegen. Ich sage nicht, dass es einfach ist.

Aber es ist gut.

02 Herbst 2009

Paradoxerweise fing die ganze Geschichte eigentlich positiv an. Kai hörte mit dem Rauchen auf, und zwar fast von selbst. Jahrelang hatte ich ihm in den Ohren gelegen, dass er es endlich lassen sollte, auch weil er kein schlechtes Vorbild für unseren Sohn Nils abgeben sollte. Aber es gelang nicht. Und auf einmal: »Anja, ich hör auf zu rauchen. Mein Chef fördert ein Entwöhnungsprogramm für die Mitarbeiter. Wer ein halbes Jahr durchhält, bekommt die Kosten erstattet. Und ich mach da halt jetzt mal mit.« Ich traute meinen Ohren nicht und war – ehrlich gesagt – auch ziemlich skeptisch. Doch es kam tatsächlich so, Kai rauchte nicht mehr. Und das Tollste: Er wurde nicht etwa dicker, sondern nahm sogar einige Kilo ab. Stand ihm ziemlich gut, obwohl er vorher auch nicht gerade übergewichtig gewesen war. Im Sommer hatte er bereits aufgehört, Alkohol zu trinken, weil ihm unerklärlicherweise manchmal schwindelig wurde. Weder eine Computertomografie noch eine große Blutunteruntersuchung ergaben etwas, daher dachte sich Kai, dass er eine Weile lang auf kohlensäurehaltige Getränke im Allgemeinen und auf Bier im Speziellen verzichten würde, vielleicht erledigte sich dann die Sache von selbst. Er war also ziemlich gut in Form.

Wir machten sogar freche Witze, weil er zwar weder

Halsweh noch Schluckbeschwerden hatte, das Essen aber trotzdem manchmal nicht richtig rutschen wollte. »Was machst du eigentlich, wenn es Speiseröhrenkrebs wäre?«, fragte ich an einem Samstagabend beim Abendbrot im Scherz, als ihm der Bissen mal wieder im Hals stecken blieb. Wir beide lachten, weil das vollkommen unwahrscheinlich, ja ausgeschlossen war. Wenn er recht viel Wasser nachtrank, klappte es mit dem Schlucken ja, und die Mahlzeiten fanden ihren Weg. Ein bisschen lästig war es schon, und Kai nahm auch weiter ab. Aber er war tagsüber nie ein großer Esser, und da er immer auf Achse war und ich fünf Tage in der Woche arbeitete, konnte es auch gut sein, dass er einfach mal ein oder zwei Mahlzeiten ausließ, weil er gar nicht auf die Idee kam, etwas zu sich zu nehmen. Manchmal schien es mir ein bisschen seltsam, aber ich dachte auch nicht dauernd dran, weil wir einen herrlichen Sommer und Herbst 2009 erlebten.

Mittlerweile bereiteten wir uns auf die Adventszeit vor, und ich begann Listen mit Geschenkideen für die Familie und Freunde anzufertigen. Vor allem freute ich mich auf die gemütlichen Abende zu Hause: Kamin an, Füße hoch und ein Buch lesen oder mit Kai kuscheln. Oder am liebsten alles gleichzeitig. Doch zunächst kam natürlich Sankt Martin. Der große Umzug findet immer am 11. November im Wechsel mit unserem Nachbardorf Neunkirchen statt, ein paar Kilometer von Bayreuth entfernt. In diesem Jahr waren wir in Stockau an der Reihe. Sankt Martin ist wirklich schön bei uns, man trifft sämtliche Kindergarteneltern, Freunde und Bekannte, außerdem Leute, denen man nur einmal im Jahr begegnet, eben an Sankt Martin. Die Kinder sind aufgeregt, schwenken ihre selbst gebastelten Laternen in alle Richtungen, das eine oder andere fängt an zu weinen, weil sich sein Laternenstock in den eines anderen Kindes verhakt hat. Es werden all die Lieder gesungen, die man vorher im Kindergarten geübt hat, in erster Linie die Klassiker, »... sein Ross, das trug ihn fort geschwind«. Das Ross, das an diesem Abend Dienst tat und den Darsteller des heiligen Martin trug, war allerdings schlecht drauf: Es kotzte auf die Straße. Ich dachte immer, das gibt es ja nur im Witz, aber nein, es geschah ganz real. Vielleicht ein schlechtes Omen, aber natürlich wäre ohne das alles genauso gekommen.

Nach der Mantelteilung, als sich der Zug aufgelöst hatte, standen wir schwatzend mit unseren Freunden am Glühweinstand. Es war schon ziemlich kalt, und wir traten von einem Fuß auf den anderen, um nicht festzufrieren. Aber das gehört ja dazu, sonst schmeckt auch der Glühwein nicht so gut. Ich wende mich ein wenig nach rechts, um Kai zu fragen, wo sich Nils gerade herumtreibt – und sehe im selben Moment, dass etwas nicht stimmt. Kais Gesicht ist schmerzverzerrt, er würgt an einem Bissen seines Leberkäse-Brötchens. Ohne dass ich genau sagen könnte, warum, ist mir sofort klar, dass er sich nicht einfach verschluckt hat. Hier geht es um etwas anderes, der Bissen will einfach nicht runterrutschen, er steckt irgendwie in der Speiseröhre fest. Kai krächzt mit weit aufgerissenen Augen nach einem Kinderglühwein und kippt den Becher quasi in einem Zug hinunter. Dabei hasst er Glühwein, mit oder ohne Alkohol.

»Morgen früh rufst du bei Dr. Holtz an und lässt dir einen Termin geben! Versprich's mir, sonst zerre ich dich an den Ohren dahin!« Ich war ziemlich laut geworden, mir saß der Schrecken in den Gliedern. Und Kai offenbar auch, sonst hätte er nicht so schnell klein beigegeben: »Ist gut, reg dich nicht auf. Ruf du an und mach einen Termin für mich aus. Ich geh hin. Kannst dich drauf verlassen.« Zwei Tage später war er bei unserem Hausarzt in der Praxis und schilderte, was vorgefallen war. Dr. Holtz fragte ihn aus, so gut er konnte, was bei einem eher schweigsamen Mann wie Kai, der an sich selbst niemals ein Krankheitssymptom wahrnahm, nicht ganz einfach war. Dr. Holtz scheint klar gewesen zu sein, dass da wirklich etwas Größeres vorlag, jedenfalls ordnete er eine Magenspiegelung an. Bereits eine Woche später bekam Kai einen Termin in der gastroenterologischen Praxis in Bayreuth.

Wenn ich damals gewusst hätte, was ich heute weiß, wäre ich wohl schon misstrauisch geworden. Normalerweise wartet man Wochen oder sogar Monate auf einen Termin. Die Magenspiegelung war für acht Uhr morgens angesetzt, Kai sollte sich nüchtern in der Klinik einfinden. Ich wollte ihn eigentlich begleiten, aber Nils bekam von jetzt auf gleich Halsweh und Fieber, weshalb ich Kai nur am Eingang der Klinik absetzte. Anschließend fuhr ich mit Nils zur Kinderärztin und organisierte danach bei der Nachbarin eine Kurzbetreuung, damit ich Kai wieder abholen könnte, sobald er mich nach der Untersuchung anriefe.

Es dauerte Stunden. Kai kam erst um dreizehn Uhr dran – weil man ihn als dringlichen Fall außer der Reihe dazwischengeschoben hatte. Das wusste ich natürlich nicht, ich fand es hochgradig ärgerlich, dass man ihn da so lange herumsitzen ließ. Als Kai gegen fünfzehn Uhr anrief, dass er fertig sei, sagte er: »Und komm bitte hoch, wir sollen noch in die Sprechstunde.« Ich dachte mir nichts dabei, ja, fand es sogar ganz praktisch, dass man für die Besprechung keinen Extratermin vereinbaren musste. Und dann saßen wir ihm gegenüber, dem Gastroenterologen Dr. Wagner. Weißhaarig, bestimmt Ende fünfzig, ein erfahrener Arzt, der schon eine Menge gesehen hatte. Aber so eine Sache wie bei Kai noch nicht. Die Sache war ein Magentumor, und zwar von enormer Größe. Bereits zwei Drittel des Magens waren davon betroffen. »Haben Sie denn nichts bemerkt?«, fragte er. Diese Frage stellten sie uns alle, immer wieder, jeder neue Arzt. Und jedes Mal verneinte Kai, nein, er habe gar nichts bemerkt. Ob das wirklich stimmte? Zu gern würde ich ihm heute noch die Frage nach oben schicken: »Komm schon, Kai, war dir nicht ab und zu ein bisschen schlecht? Hattest du nicht mal irgendeinen Verdacht, dass etwas nicht in Ordnung sein könnte? Und als wir vier Wochen vor Sankt Martin beim Chinesen waren und du auf einmal keinen Appetit mehr und schreckliche Bauchkrämpfe hattest: Hast du da nicht doch so ein seltsames Gefühl im Bauch gehabt – im wahrsten Sinne des Wortes?« Letztlich spielt es heute keine Rolle mehr, aber interessieren würde es mich schon.

Dr. Wagner war ziemlich direkt. »Ich sag's Ihnen gleich: Der Tumor ist wirklich sehr, sehr groß. Wir werden noch weitere Untersuchungen durchführen, wir schicken Gewebeproben ins Labor, aber auch so bin ich schon jetzt sicher, dass es ein bösartiger Tumor ist. Man kann das sehr deutlich an seinem Gewebe erkennen, es hat eine besondere Struktur und wirkt ein bisschen ausgefranst. Das ist ein sicheres Zeichen dafür, dass er bösartig ist. Wir leiten jetzt alles Nötige in die Wege. Möglicherweise gibt es eine Bestrahlung, das müssen wir noch sehen. Mit Sicherheit aber werden Sie eine Chemotherapie erhalten, bevor operiert wird – das ist heutzutage Standard. Nach der Operation kommt noch mal eine Chemotherapie, und Sie werden in die Reha gehen müssen. Wir machen gleich noch ein Blutbild, die Kollegen von der Radiologie erstellen außerdem morgen ein CT vom Bauchraum, nur für den Fall, dass der Krebs gestreut haben sollte. Ich bin zuversichtlich, dass wir das alles in den Griff kriegen, aber Sie müssen damit rechnen, dass Sie ungefähr ein Vierteljahr ausfallen.«

Ein bösartiger Tumor also. Krebs. Keiner von uns beiden sagte etwas. Ich holte tief Luft. Kai schaute zu mir, dann zu Dr. Wagner und dann wieder zu mir. Magenkrebs, ziemlich groß. Weit fortgeschritten.

Ich kann mich noch ganz gut an das Gefühl erinnern, das wir in dem Moment hatten. Ich war erschrocken, Kai natürlich auch. Aber wir gerieten nicht in Panik oder hatten den Eindruck, dass eine Katastrophe über uns hereinbräche. Natürlich war das schlimm – aber wir würden das auf jeden Fall bewältigen. Dr. Wagner hatte es ja gesagt: eventuell Bestrahlung, definitiv Chemo, Operation, Chemo, Reha. Also, wir würden unternehmen, was nötig wäre, und dann würde alles wieder gut.

Ich rief meine Mutter an, denn es war so ausgemacht, dass ich mich gleich nach dem Arztgespräch bei ihr melden würde. Sie war auf einer Fachtagung in Leipzig. »Mama, sitzt du gut? Wir kommen gerade vom Arzt. Die Diagnose ist eindeutig: Kai hat einen Tumor, und der ist allem Anschein nach bösartig. Aber es wird schon alles gut werden. Der Arzt meint, dass wir das bestimmt geregelt kriegen.« Ich war zuversichtlich, sogar ziemlich rigoros in meinem Optimismus. Es war keine Kleinigkeit, natürlich nicht. Aber Kai war jung, stark, in guter körperlicher Verfassung. Er würde die zweifellos schwierigen Monate, die auf ihn und uns zukamen, gut wegstecken, davon war ich überzeugt.

Abends sagte ich sogar beim Abendbrot zu ihm: »Du kannst froh sein, dass du mich geheiratet hast. In meiner Familie sterben die Leute nicht an Krebs.« Und das stimmte. Die meisten Menschen denken bei der Diagnose Krebs sofort an den Tod. Aber ich nicht, meine ganze Familie nicht. Denn sowohl meine Mutter als auch mein Vater hatten schon Krebs – und beide haben ihn überlebt. Meine Mutter bekam Unterleibskrebs, da war sie gerade neunundzwanzig Jahre alt. Meine Schwester und ich waren damals noch klein, sie fünf und ich neun Jahre alt. Knapp zehn Jahre später, mit Mitte vierzig, erkrankte mein Vater an Leukämie. Als es entdeckt wurde, war die Krankheit schon sehr weit fortgeschritten. Seine Aussichten waren ziemlich schlecht, eigentlich gab es gar keine Hoffnung für ihn. Die einzige Chance bestand in einer sehr ungewöhnlichen Medikamentenkombination. Sie schlug nur bei zehn Prozent der Behandelten an. Mein Vater hatte einen unglaublichen Lebenswillen und wollte es unbedingt versuchen, daher willigte er ein. Und es klappte! Später wurde er sogar als Modellpatient in der Uniklinik in Leipzig vorgestellt. Eigentlich hätte es bei dieser Vorgeschichte ja mich treffen müssen, aber nun hatte es Kai erwischt. Doch aus guten familiären Gründen war ich davon überzeugt, dass auch Kai den Magenkrebs besiegen würde. Kai selbst sah es genauso. Er wäre sogar am nächsten Tag wieder zur Arbeit gegangen, wenn da nicht schon das CT anberaumt gewesen wäre.

Nils war immer noch krank, deshalb fuhr Kai allein zur Computertomografie. Es sollte ein Abdomen-CT gemacht werden, also eine Aufnahme des gesamten Bauchraums. Um kurz nach drei kam er zurück. »Und?« Er grinste erleichtert: »Der Doktor sagt, dass er nicht gestreut hat.« Wir fielen uns in die Arme. »Gott sei Dank!« Wie wir es erwartet hatten. Kai, der große Schweiger, dachte vermutlich so was wie: Herrje, was für eine Scheiße, jetzt habe ich Krebs. Aber hilft nichts, da muss ich durch. Ich mach die Therapie, dann lass ich mich noch aufschneiden, und das war's. Da haben wir noch mal Glück gehabt. Gesagt hat er natürlich nichts. Aber geküsst hat er mich, ziemlich kräftig.

Eine Woche später rief Dr. Wagner an und teilte uns mit, dass sämtliche Befunde nun beisammen wären. Alle Kollegen seien informiert, und wir könnten uns aussuchen, ob Kai für die Chemotherapie ins Krankenhaus ginge oder in die ambulante onkologische Praxis von Dr. Hübner. Kai wollte lieber in die ambulante Praxis. »Ne, Anja, Krankenhaus nicht. Da will ich nicht hin. Ist doch nur ein bisschen Krebs. Und das Essen in der Klinik und so ... Lieber nicht. Wenn ich ambulant behandelt werden kann, dann mache ich das lieber so.« Ich hatte nichts dagegen. Und weil solche Angelegenheiten immer meine Aufgabe waren, rief ich bei Dr. Hübner an, und wir bekamen einen Termin, schon für drei Tage später.

Kai und ich gerieten uns vorher noch in die Haare. Ich wollte natürlich mitfahren, und Kai fühlte sich bevormundet. »Was willst du denn da? Ist doch keine große Sache. Die werden mir halt sagen, was ich tun muss und wie das alles abläuft. Das kann ich echt allein machen. Du mit deinem Kontrollwahn.« Er war richtig ungehalten. Aber ich gab nicht nach. Das wollte ich unbedingt alles selbst hören, Kai war in solchen Fällen keine gute Quelle. Außerdem hatte ich bereits ein paar Fragen aufgeschrieben, eine kleine Liste mit allem, was mir so eingefallen war. Kai ließ sich schließlich doch überreden, und so saßen wir dann zu zweit bei Dr. Hübner in der Praxis. Ich kann mich noch ganz genau erinnern. Es war spätnachmittags, draußen war es schon dunkel. Sein Sprechzimmer war angenehm eingerichtet, gar nicht wie eine medizinische Praxis oder wie in einem Krankenhaus. Moderne Farben, alles in Grau und Rot, und warme Holztöne, gutes Licht, beinahe gemütlich. Wir saßen ihm gegenüber, sein Schreibtisch zwischen uns. Dr. Hübner lehnte sich in seinem Schwingstuhl zurück, wippte ein bisschen darauf herum, schwang vor und zurück. Schließlich fragte er: »Was hat man Ihnen denn gesagt?«

Es klang fast beiläufig, keine strenge Frage, mit der er unser Wissen über Krebs im Allgemeinen und Besonderen abfragen wollte. Es war ein zugewandter, eher leise formulierter Auftakt. »Was hat man Ihnen denn gesagt?« In dem Moment wusste ich es – ich wusste, dass alles anders war, als man uns in den letzten zwei Wochen zu verstehen gegeben hatte. Dass wir die Sache keineswegs einfach so in den Griff bekommen würden. Wenn überhaupt.

Kai sagte nichts. Vielleicht dachte er, dass sich die Frage gar nicht an ihn richtete. Wahrscheinlich war er aber in einer Art Schockstarre, denn er verstand genauso gut wie ich, dass sich das Blatt in dieser Sekunde total gewendet hatte. Er schaute mich an, blickte wieder zu Dr. Hübner und sagte weiterhin nichts. Also gab ich Dr. Hübner die Auskunft: »Man hat uns mitgeteilt, dass es ein großer Magentumor ist, bösartig. Und dass er nicht gestreut hat. So hat es der Radiologe gesagt, nach dem CT vom Bauchraum.« Dr. Hübner nickte, mit hochgezogenen Augenbrauen. »Ja, das formulieren die Kollegen offenbar gern so, weil sie den Schwarzen Peter lieber anderen überlassen. Den hab ich jetzt. Ich muss es Ihnen ganz deutlich sagen: Ich habe mir die Bilder des CT angeschaut. Der Tumor ist nicht nur sehr groß, sondern auch schon mit der Bauchdecke verwachsen. Und er hat gestreut. Das bedeutet: Wir können Sie behandeln, Herr Lauckner, doch heilen können wir Sie nicht. Wir können Ihnen aber Zeit verschaffen.«

Zeit verschaffen – was sollte das? Wir hatten alle Zeit der Welt. Kai war vierunddreißig, ich neunundzwanzig, wir hatten ein kleines Kind, dachten sogar an ein zweites. Aber Dr. Hübner sprach von Zeit verschaffen. Wir hatten es offenbar richtig verstanden. Soeben hatten wir erfahren, dass er kein alter Mann werden würde. Dass eine gemeinsame Zukunft unwahrscheinlich war. Oder nur noch sehr kurz.

Ich weiß nicht, wie andere Leute in so einer Situation reagieren. Bei uns jedenfalls ging es seltsam ruhig und sachlich zu, kein Schreien, kein Weinen, keine Ohnmacht. Kai schaute zu mir, dann zu Dr. Hübner, räusperte sich kurz und sagte nur: »Also. Meine Frau. Meine Frau hat sich da ein paar Fragen notiert.« Dafür hätte ich ihn am liebsten geküsst.

Ja, ein paar Fragen. Die bis vor einer Viertelstunde wichtigste Frage stand ganz oben: Können wir unseren bald bevorstehenden Traumurlaub noch antreten? Den wir uns vom ersparten Zigarettengeld leisten wollten. Klare Antwort: Geht auf keinen Fall, unbedingt stornieren. O.k., danke. Was stand noch auf meiner Liste? Ich weiß es nicht. Aber ich weiß, dass es in Wirklichkeit gar nicht mehr um die kleinen Fragen ging, sondern dass das nur Ausweichbewegungen waren, mit denen wir uns in einem großen Bogen der alles entscheidenden, einzig wirklich interessanten Frage näherten: Wenn nichts mehr hilft, was sollen wir denn dann tun? Wie viel Zeit blieb uns noch?

»Was würden Sie denn machen, Dr. Hübner?« Er erklärte es uns, in seiner ehrlichen Art. Es gab – zumindest prinzipiell – drei Möglichkeiten: 1. Gar nichts unternehmen. Das würde bedeuten, dass Weihnachten schon gefährdet wäre, Kai also vielleicht noch sechs bis acht Wochen zu leben hätte. 2. Palliativ behandeln, das heißt, man würde Schmerzen lindern und Symptome erträglich machen. 3. Alles auf eine Karte setzen und mit einer neuen Chemotherapie noch ein bisschen mehr Zeit rausschlagen. Auf meine Nachfrage sagte er: »Ich würd's versuchen. Es gibt eine neue Chemotherapie, die bisher kaum angewendet wird, weil noch keine Langzeitstudien vorliegen. Ich an Ihrer Stelle würde mich aber dafür entscheiden. Sie sind eine junge Familie, und mit dieser Therapie hätten Sie noch eine Chance, Zeit zu gewinnen.« Was er nicht sagte, war, dass Langzeitstudien für uns sowieso keine Rolle mehr spielten. Für uns gab es keine lange Zeit mehr.

03 Kinderspiele

Als Kai und ich 2004 heirateten, waren wir schon seit zehn Jahren zusammen. Wir lernten uns in meinem Heimatort Wernesgrün im Vogtland kennen, da war er neunzehn und ich vierzehn Jahre alt. Nur fünf Jahre Unterschied, aber zu dem Zeitpunkt in Wahrheit ein Wahnsinnsabstand, ich war ja noch ein Schulkind, neunte Klasse. Er hatte schon seine Dachdeckerlehre abgeschlossen, arbeitete als Geselle, bekam ein Gehalt, war halt einfach erwachsen. Ich bemerkte ihn zunächst gar nicht. Er ergriff die Initiative, sprach mich an mit dem bemerkenswerten Satz: »Hallo, ich bin der Kai.« Er sah gut aus, aber nicht umwerfend. Was ein Glück war, denn *zu* gut aussehende Männer machen mich misstrauisch, bis heute. Kai wirkte ein bisschen kantig, seine klar geschnittenen Gesichtszüge waren länglich, nicht ganz so wie bei Michael Schumacher, aber ähnlich. Seine Nase war ausgeprägt, aber am markantesten erschienen seine Augen, sie waren von einem unglaublich intensiven Blau. Im Sommer, wenn seine hellbraunen Haare durch die Sonne heller wurden, prägte dieses Blau seine ganze Erscheinung.

Ich war zwar noch ein Kind, aber doch gerade dabei, meine Fühler auszustrecken und zu entdecken, was es jenseits meines sehr behütenden Elternhauses gab. Allerdings lief das nur heimlich, ein Aufbegehren oder eine offene

Grenzüberschreitung kamen für mich nicht infrage, das traute ich mich einfach nicht. Wenn ich zurückdenke, muss ich sagen: Was ich mir da leistete, war geradezu tollkühn. Ich büxte nämlich, um jeder Diskussion aus dem Weg zu gehen, nachts regelmäßig aus und unternahm Streifzüge durch den Ort. Schlich durch die Kellertür nach draußen oder kletterte sogar aus dem Fenster. Nicht jede Nacht, anfangs nur ab und zu, dann öfter, sogar mehrmals in der Woche. Und wozu das Ganze? Damit ich dabei sein konnte. Ziel meiner nächtlichen Ausflüge war der Kirchplatz, dort traf »man« sich, eine Clique von unglaublich coolen Jugendlichen, die alle schon viel älter waren als ich, mindestens siebzehn, achtzehn oder neunzehn Jahre alt. Deren Eltern waren anscheinend toleranter als meine, oder sie hatten den Eindruck, nicht mehr so sehr auf ihre fast erwachsenen Kinder aufpassen zu müssen. Jedenfalls standen diese Jugendlichen beisammen, rauchten und redeten klug daher. Sonst ereignete sich eigentlich kaum etwas. Aber ich fand's wahnsinnig aufregend, stellte mich dazu und gab mich auch so cool wie möglich.

Einer aus der Clique war Kai, obwohl er nicht aus unserem Ort stammte, sondern aus dem Nachbardorf Rothenkirchen. Ich war ihm offenbar vorher schon mal aufgefallen, im Freibad. Jedenfalls sprach er mich eines Nachts auf dem Kirchplatz an – und dann begann er eine richtige Werbungsphase. Er holte mich zum Beispiel von der Schule ab und brachte mich nach Hause, in seinem eigenen Renault C9, rostbraun mit Sportlenkrad, großen Boxen und allem Drum und Dran. Oder wir gingen spazieren oder zum Schwimmen. Kai war in mich verliebt, von Anfang an, ohne Wenn und Aber. Und ich? Ich war für so ein großes Gefühl noch gar nicht reif. Es schmeichelte mir vor allem, dass sich ein erwachsener Mann für mich interessierte. »Ich hab jetzt übrigens einen Freund« – das machte einfach was her, wenn ich das lässig gegenüber meinen Freundinnen fallen lassen konnte. Oder wenn die anderen in der Klasse neidisch waren »Die Anja mit ihrem Kai ...« – das gefiel mir ziemlich gut. Aber Liebe war es nicht. Obwohl wir uns ja auch schon recht bald küssten. An den ersten Kuss erinnere ich mich genau, das ist ein ganz deutliches Bild, sogar das Gefühl kann ich wieder hervorrufen, diese unbefangene, intime Zärtlichkeit, sehr aufregend, aber auch sehr unbeschwert. Wir waren in der Disko – auch solche Unternehmungen waren bei meinen nächtlichen Ausflügen integriert – und hatten es uns in einer kleinen Nische am Rand der Tanzfläche gemütlich gemacht. Irgendwann stand ich auf, um meinen roten Schuh zuzubinden, und während ich daran herumnestelte, schob sich Kai unbemerkt auf meinen Platz. Als ich mich setzte, landete ich auf seinem Schoß statt auf der Bank. Er fing an, meinen Nacken zu kraulen, küsste mich dann mehrmals auf den Hals und arbeitete sich langsam hoch, bis er mir tatsächlich einen Kuss auf den Mund gab. Und ich küsste zurück. Es fühlte sich alles richtig und gut an, vertraut – obwohl es jetzt also ernster wurde.

Bis wir miteinander schliefen, dauerte es aber noch eine ganze Weile. Damals habe ich ja im Grunde kaum verstanden, was da ablief. Heute denke ich, dass Kai dagegen ganz genau wusste: Diese Frau, dieses Mädchen liebe ich, und ich werde nichts unternehmen, was diese Liebe gefährdet, auch keinen frühen Sex. Er hätte es sich bestimmt einfacher machen können. Aber das war nicht seine Art, er wollte eben das Richtige, das lange Währende.

Mit meinem Herumstromern ging es eine ganze Weile lang gut, ehe alles aufflog. Eigentlich erstaunlich, dass es so lang dauerte, denn auf dem Dorf kommt alles raus, normalerweise eher früh als spät. Eines Nachmittags klingelte das Telefon bei uns. Ich nahm den Hörer ab und meldete mich. Ohne ihren Namen zu nennen, antwortete eine Frau in einer sehr speziellen, bedrohlich wirkenden Tonlage: »Ah, Anja, du bist's. Gib mir mal deine Mutter.« Da wusste ich, dass meine Stunde geschlagen hatte. Ich bekam Gänsehaut und dieses Panikmagengefühl, am liebsten wäre ich aus dem Fenster gesprungen. Die Frau beschrieb meiner Mutter in allen Einzelheiten, was ich machte, während meine Eltern fest schlafend im Bett lagen. »Elke, du hast offenbar nicht mitbekommen, was los ist! Deine Anja ist nachts zwischen Wernesgrün und Rothenkirchen unterwegs. Und steht mit Jungs, die viel älter sind als sie, auf dem Kirchplatz. Kannst dir ja denken, worum es da geht. Ich kann mir beim besten Willen nicht vorstellen, dass du das weißt und damit einverstanden bist. Wahrscheinlich hast du keine Ahnung, dass die Anja sich draußen rumtreibt.«

Meine Mutter glaubte kein Wort. »Niemals, das ist unmöglich. Das kann nicht sein, ich glaub dir alles, aber das nicht. So was würde meine Anja niemals tun.« Aber sie hatte keine Chance. »So, das glaubst du nicht. Und wer läuft sonst noch mit so einem auffälligen grün-roten Anorak hier rum?«

Meine Mutter raste die Treppe nach oben in mein Zimmer und stellte mich zur Rede. Ein bisschen von dem ganzen Schlamassel gab ich zu, aber längst nicht alles. Schon für das wenige, das ich eingestand, bekam ich eine Ohrfeige, dass mir Hören und Sehen vergingen. Und abends, als mein Vater nach Hause kam und alles erfuhr, versetzte er mir auch noch eine. Na ja, ich hatte es auch verdient.

Die Familie stand kopf, meine Eltern waren erschüttert. Sie machten sich allergrößte Sorgen, und was meine Mutter wahrscheinlich noch zusätzlich kränkte, war die Tatsache, dass andere vor ihr gewusst hatten, was da alles so ablief. Es war ein Riesendrama. Zur Strafe erhielt ich verschärften Hausarrest: Ich war immer unter Kontrolle, musste mich stets an- und abmelden und außerdem für die Schule lernen, bis es mir zu den Ohren raushing. Das war allerdings auch bitter nötig, denn meine Leistungen waren total eingebrochen. Durch mein ausgeprägtes Nachtleben war ich oft zu müde zum Lernen gewesen. Meine arme Mutter hatte zuvor schon bemerkt, dass ich manchmal über den Schularbeiten einschlief. Sie fürchtete, dass die Schule einfach zu schwer sei, und machte sich selbst auch noch Vorwürfe, dass sie mich möglicherweise im Haushalt zu stark beanspruchte. Dabei war ich in Wahrheit – in ihren Augen – dabei, zu verlottern. Heute verstehe ich ihre Besorgnis, ich hätte auch nicht gern, dass mein Sohn solche verrückten und vielleicht auch gefährlichen Aktionen unternimmt. Aber damals hielt ich sie für die größte Spielverderberin aller Zeiten.

Ein Teil meiner Strafe bestand darin, dass ich eine Art Bußbrief schreiben musste, in dem ich mein Verhalten reflektieren und so erkennen sollte, dass ich falsch gehandelt hatte. In dem Brief erwähnte ich auch Kai mit ein oder zwei Sätzen. Meine Eltern waren nicht begeistert, machten aber erstaunlich wenig Aufhebens davon. Sie waren überzeugt, die Sache aussitzen zu können, mehr als ein halbes Jahr gaben sie uns beiden sowieso nicht. Wir durften ab und zu telefonieren, nach ein paar Monaten ließen sie Kai sogar ins Haus, wenn er mich abholte, um mit mir an den See zu fahren oder eine kleine Spritztour zu unternehmen. Alles unter strengen Auflagen, ich war ja noch minderjährig. Ich versuchte mit allen Mitteln, Kai meinen Eltern schmackhaft zu machen, erzählte zum Beispiel, dass er Klavier spielte. Er hatte nämlich, als wir mal im Auto saßen und Musik hörten, mit den Fingern auf meinem Knie herumgetippt, mit sehr fachmännischem Gesichtsausdruck. Als ich ihn fragte, ob er Klavier spiele, bejahte er und bot an, es mir beizubringen. Tatsächlich war das ein Scherz, außer dem Flohwalzer konnte er gar nichts. Aber von da an spielten wir gemeinsam den Flohwalzer, auf seinem oder meinem Knie.

Kurzum: Anders als meine Eltern gehofft hatten, erledigte sich die Sache nicht von selbst. Irgendwann mussten sie sich damit abfinden, dass Kai und ich ein Paar waren und es allem Anschein nach auch blieben. Sie taten es zähneknirschend, weil sie nach wie vor der Ansicht waren, dass wir nicht zueinander passten. Der Altersabstand, die sehr unterschiedlichen Familien, seine Art, ziemlich großzügig mit Geld umzugehen, und überhaupt. Kai ließ sich nicht abschrecken und gab sich alle Mühe, meine Eltern von seiner Ernsthaftigkeit zu überzeugen. Er redete nicht viel, das tat er ja nie, packte aber immer an, wenn irgendwo bei uns im Haus etwas zu reparieren war, frickelte hier und hämmerte da ein bisschen herum, ohne Aufhebens davon zu machen. Dabei legte er eine Akkuratesse an den Tag, die meine Eltern zu schätzen wussten. Aber so richtig anfreunden konnten sie sich mit der Konstellation trotzdem noch nicht.

In unserem eigenen Haus ist alles voll von Kais Werken, stabil und dauerhaft. Für Nils hat er ein Hochbett gebaut, das wird noch stehen, wenn das Haus schon längst zusammengefallen ist. Im Keller befinden sich Werkzeuge und Geräte für jeden Fall. Noch heute ist fast alles ordentlich sortiert, griffbereit. Nach seinem Tod konnte ich es anfangs kaum ertragen, die Werkzeuge anzusehen oder gar zu benutzen. Es kam immer ein Schwall Kai aus diesen Schubladen, seine Freude am Schaffen, sein Geschick im Umgang mit allen möglichen Materialien, sein Spaß am Leben.

Kai sprach durch Taten, ich quassele an einem Streifen – so waren die Rollen bei uns verteilt, bis zum Schluss. Eine Ausnahme gab es von dieser Regel: Kai schrieb wunderbare Briefe, da ging er ganz aus sich heraus. Sie sind voller Rechtschreibfehler, aber so überströmend, so innig und überzeugt von uns und unserer Liebe, dass mir jedes Mal das Herz aufgeht, wenn ich sie lese. Als ich in Bayreuth meine Lehre zur Werbekauffrau machte, war Kai beim Bund und tat Dienst in Berlin, im Wachbataillon. Wir sahen uns nur am Wochenende. Aber mindestens zweimal in der Woche bekam ich einen Brief von ihm. Das Wachbataillon war für die protokollarischen Ehren bei Staatsbesuchen zuständig, und oft erzählte er mir, welche exotischen Gäste zu Besuch waren, aber auch von dem eher langweiligen

Alltag. Seine Waffe nannte er natürlich Anja. Er freute sich, wenn ich mich über seine Briefe freute, was ich in jeder meiner Antworten betonte. Mir eine Freude machen – das hat er immer gern getan.

Wenn man jahrelang zusammenlebt, gibt es an sich keine Notwendigkeit, einander zu schreiben. Aber Kai war es auch während unserer Ehe ein Bedürfnis, mir seine Liebe immer und immer wieder zu versichern. Wenn ich morgens früh zur Arbeit fuhr, fand ich etliche Male kleine Anhänger, mit Herzchen oder Röschen bemalt, am Außenspiegel des Autos: Mein Schatz, ich drück Dich, pass gut auf Dich auf. Denk immer dran, dass ich Dich unendlich liebe. Ich freu mich auf Dich, komm bald zurück. Das Leben ist nur schön mit Dir. Du bist meine große Liebe ... Ja, ich war von Anfang an Kais große und einzige Liebe.

Und umgekehrt? Habe ich ihn geliebt? Wenn ich ehrlich bin: Nein, ich glaube nicht. Ich habe ihn sehr gemocht, aber Liebe war es nicht. Nicht, dass ich jemand anderen vorgezogen hätte. Ich war einfach nicht in der Lage, dieser Liebe zu entsprechen und überhaupt ein so großes Gefühl zu entwickeln. Ich war unreif, mit mir selbst beschäftigt, fühlte mich vielleicht auch ein wenig überfordert. Kai war ein guter Typ, aber er hatte auch seine Nachteile, wir waren einander in vielen Dingen vollkommen entgegengesetzt. Ich weiß zum Beispiel immer gern, was Sache ist, manchmal ist es schon ein bisschen zwanghaft. Ich mache nichts, ohne zu überlegen, zu planen, zu kontrollieren. Ihm ging dieser Hang völlig ab. Beim Geldausgeben beispielsweise war er geradezu leichtsinnig. Außerdem war er dauernd unterwegs, half Freunden bei irgendwelchen Bauvorhaben, und immer wurde danach noch ein Bier getrunken, das heißt natürlich mehrere. Ich hasste das, befürchtete, dass er zum Alkoholiker werden könnte oder es vielleicht schon war. Heute könnte ich vielleicht lockerer damit umgehen, würde weniger auf meine Prinzipien pochen und trotzdem mein Ziel erreichen, aber damals war ich noch nicht so weit.

In der Hochzeitsnacht, auf dem Weg in die Flitterwochen, musste ich im Flieger die ganze Zeit heulen. Ich war in Katastrophenstimmung: Was hast du nur gemacht? Wie bist du da reingeschlittert? Wieso jetzt schon verheiratet, für immer gebunden? Mit der Landung in Ägypten bekam ich die Kurve und beschloss: Das ziehst du jetzt durch, du machst keinen Rückzieher. Nun ist das nicht gerade die ideale Basis für eine Ehe, wenn sie schon zu Beginn nur mit Durchhalteparolen funktioniert. Aber vieles mit Kai war ja auch schön. Trotzdem, geliebt habe ich ihn nicht. Was Liebe ist, habe ich erst verstanden und tatsächlich in mir gespürt, als Kai krank wurde.

Ich habe mich in den Mann verliebt, den ich auf der kurzen Strecke vor Ende seines Lebens noch einmal ganz anders erlebt habe und der damit auch mich verändert hat. Ich liebe den Mann, der mir gezeigt hat, wie der Tod ist. Und der alles gegeben hat, um diese gemeinsame letzte Zeit zur schönsten unseres Lebens werden zu lassen.

04 Dezember 2009

Dr. Andreas Hübner ist ein Phänomen. Er ist niedergelassener Onkologe, das heißt Krebsspezialist, und bekommt eine Menge Krankheiten und vor allem viele Menschen zu Gesicht. Alle befinden sich in einer existenziell bedrohlichen Situation – und jeder geht anders damit um. Dr. Hübner muss also fast genauso sehr Psychologe wie Krebsarzt sein. Was ich an ihm bewundere: Er schafft es einerseits, ehrlich zu sein, und andererseits auch bei einer grausamen Diagnose noch so viel Glauben an die zur Verfügung stehenden Möglichkeiten zu vermitteln, dass man überhaupt die Kraft in sich findet, eine Behandlung zu beginnen. An dem Abend in seiner Praxis sagte er zwar, dass wir die zwei Wochen im Wellness- und Spahotel in Ägypten streichen sollten, auf die wir uns schon so gefreut hatten, aber eröffnete uns gleichzeitig einen neuen zeitlichen Horizont. »So, Herr Lauckner, Sie haben jetzt ein strammes Programm vor sich. Ich gehe davon aus, dass Sie erst mal ein halbes Jahr nicht arbeiten werden. Und dann sehen wir weiter.« Auf diese Weise nahm er uns nicht komplett den Wind aus den Segeln. Denn wenn man überhaupt keine Zuversicht hat, dann hält man das, was an Behandlungen auf einen zukommt, gar nicht aus.

Strammes Programm bedeutete, zunächst den Tumor so

klein zu bekommen, dass man ihn überhaupt operieren konnte. Praktisch hieß das: volle Kanne Chemo, eine Woche lang vierundzwanzig Stunden, nonstop. Dann eine Woche Pause, Blutkontrolle und wieder eine Woche Chemo. Das Ganze drei Blöcke lang. Am selben Abend sollte noch der Port gesetzt werden. Damals hatten wir natürlich keine Ahnung, was ein Port überhaupt ist, heute bin ich Expertin in diesen Dingen. Seit einigen Jahren gehört er in der Krebstherapie zum Standard. »Port« heißt »Hafen« und bedeutet, dass ein ständiger Zugang zum Blutkreislauf geschaffen wird, eine kleine Kunststoffkammer, die unter die Haut gesetzt wird, meist unterhalb des Schlüsselbeins. Über einen dünnen Schlauch besteht die Verbindung zu einer großen Vene in der Nähe des Herzens. Diese Kammer wird mit einer speziellen Nadel durch die Haut angestochen, und die Infusion läuft tröpfchenweise hinein. So muss man nicht für jede Therapieeinheit eine Kanüle in die Venen legen. Außerdem soll sich die Infusion durch den verhältnismäßig kräftigen Blutstrom einer großen Vene schneller im ganzen Körper verteilen. So ein Port muss in einer Operation unter die Haut gepflanzt werden, das müssen Chirurgen machen, doch deren Terminkalender ist normalerweise gut gefüllt. Dr. Hübner und seine Mitarbeiterinnen setzten sich also an die Telefone und kontaktierten alle möglichen Leute, schmeichelten, drohten, bettelten und schafften es auf diese Weise tatsächlich, dass wir sofort in eine ambulante chirurgische Praxis fahren konnten.

Dort saßen wir dann in einem Kabuff und warteten schweigend darauf, dass Kai irgendwann an die Reihe kam. »Ein Glück, dass wir das Haus versichert haben.« Das war alles, was er sagte. Woran der Ernst der Lage abzulesen war. Denn Kai hatte sich nie um solche Sachen wie Versicherungen oder Pläne für Eventualfälle gekümmert, das ging gegen seine Natur. Meine Eltern hatten uns jedoch, als klar wurde, dass wir zusammenbleiben würden, quasi gezwungen, dass wir uns nach allen Regeln der Kunst absicherten. Das war die Bedingung dafür, dass sie Kai ihr Kind anvertrauten. Was haben Kai und ich deshalb gestritten, lange, heftig und laut. Er hielt Versicherungen für absolut überflüssig, für Geldverschwendung, und sowieso war das ganze Gedöns darum absolut blöd. Und jetzt das: »Ein Glück, dass wir das Haus versichert haben.« Dabei wussten wir zu dem Zeitpunkt noch gar nicht, dass ein ebenso großes Glück die Berufsunfähigkeitsversicherung war. Sonst hätten wir nämlich nicht nur gegen die Krankheit kämpfen müssen, sondern auch noch gegen massive finanzielle Schwierigkeiten.

Endlich kam Kai dran. Ich blieb zurück im Wartezimmer. Doch schon nach ein paar Minuten hielt ich es nicht mehr aus und ging nach unten auf den Parkplatz. Ich rief meine Mutter an, um ihr den Stand der Dinge zu berichten. Bis dahin hatte ich mich gut gehalten, aber als ich ihre Stimme hörte, brachte ich kein Wort mehr raus. Ohne Übergang begann ich zu weinen. Es schüttelte mich am ganzen Körper, die Tränen flossen in Strömen, und das Schluchzen würgte mich so, dass mir beinahe schwindelig wurde. Ich lehnte an der Autotür, das Handy war schon ganz nass von meinen Tränen. Als ich endlich ein bisschen ruhiger wurde und wieder richtig Luft bekam, erzählte ich ihr, dass der Tumor doch gestreut hatte und es eigentlich keine Hoffnung gab: »Mama, das wird nichts mehr. Es geht nicht gut aus, da bin ich ganz sicher. Es ist alles nur noch eine Frage der Zeit, aber es geht nicht gut. Das sagt zwar keiner so deutlich, aber ich weiß es.«

Meine Mutter ist nicht der Typ, der mit irgendwelchen billigen Tröstungen anfängt, zumal sie ja selbst Krebs hatte und außerdem als Pflegedienstleiterin eines Pflegeheims jede Menge Erfahrungen auf dem Sektor besaß. Auch jetzt sagte sie nichts Banales wie »Wird schon wieder« oder »Vielleicht ist es doch nicht so schlimm« – ich hätte einen Schreikrampf bekommen. Sie hörte nur meinem Weinen zu, ließ sich und mir Zeit, und ab und zu sagte sie: »Meine arme Anja, mein kleines Mädchen.« Und natürlich bot sie Hilfe an: »Kind, wir sind für dich da, jederzeit. Papa und ich kommen sofort, wenn du uns brauchst. Sag uns Bescheid, wir setzen uns dann gleich ins Auto.«

Langsam beruhigte ich mich halbwegs, versprach, mich wieder zu melden, und ging dann nach oben, um Kai abzuholen. Er hatte wahnsinnige Schmerzen, konnte sich kaum bewegen. Ich weiß nicht genau, was schiefgelaufen war, aber offenbar hatten sie ziemlich viel an ihm herumgezerrt und massive Probleme gehabt, den Port zu setzen. Ich brachte ihn nach Hause.

Am nächsten Tag fuhr Kai in die Praxis von Dr. Hübner, damit es mit der Chemo losgehen konnte. Am ersten Tag einer Sequenz sollte Kai immer für einige Stunden in die Praxis kommen, weil er dort noch weitere Medikamente erhielt, die die Nebenwirkungen mildern sollten. Die folgenden Tage konnte er dann zu Hause verbringen.

Die Infusion, also die Chemielösung, befand sich in einem

kleinen Kunststoffballon und wurde durch eine Pumpe, die sich über die Körperwärme aktivierte, kontinuierlich in den Körper abgegeben. So hätte es jedenfalls sein sollen, auch damit der Patient weiterhin mobil sein kann. Aber irgendwie funktionierte das System nicht richtig, und die Infusionen gelangten nur dann in den Körper, wenn Kai komplett flach lag. Für jemanden wie ihn, der sich eigentlich am liebsten den ganzen Tag bewegte und so gut wie überhaupt keine Bücher las, war das unvorstellbar – zumal die Infusion ja an sieben Tagen rund um die Uhr laufen sollte. Aber es konnte nicht geklärt werden, warum bei Kai die Infusionen nur im Liegen funktionierten, und daher gab es zunächst keine andere Möglichkeit. Am besten klappte es noch, wenn er auf dem Sofa lag und sich ein Kissen unter den Arm stopfte.

Am zweiten oder dritten Tag kam ich nachmittags nach Hause, und Kai lag schlafend auf dem Sofa. Es hat einen hellen, kittfarbenen Bezug, und als ich vor ihm stand und sein Gesicht betrachtete, dachte ich: Mein Gott, er ist richtig krank. Seine Haut hat dieselbe Farbe wie das Sofa. Er sieht todkrank aus. Aber damals wusste ich noch nicht, wie »todkrank« wirklich aussieht.

Insgesamt vertrug Kai die Chemo erstaunlich gut. Er fuhr sogar selbst Auto, obwohl ich anfangs strikt dagegen war und außerdem die Krankenkasse die Fahrten zur Praxis erstattete. Aber nein, er wollte unbedingt selbst fahren. In der Zeit lief die Chemo dann natürlich auch nicht. Und ebenso wenig, wenn er aufstand, weil er dringend mal eben was im Haus erledigen musste. Ich war stocksauer, wenn ich ihn erwischte, und keifte ordentlich herum. Aber es half nichts.

Einige Monate später, als er nach der Magenoperation zum Aufpäppeln auf der Palliativstation war, musste der Port entfernt werden. Dabei stellte man fest, dass der Schlauch nicht richtig verlegt worden war, er hatte ein kleines Loch und kratzte außerdem an der Herzwand. Kai bekam auf der anderen Seite einen neuen Port, der tadellos funktionierte. Das war auch nötig, weil später die Ernährung darüber erfolgte. Aber so weit waren wir noch längst nicht. Erst mal ging es nur darum, den Tumor auf eine operable Größe runterzudrücken.

Mit der Zeit wächst man über sich hinaus, aber am Anfang, wenn alles neu ist und man noch kein Gefühl für die notwendigen Handgriffe hat, muss man sich zu Dingen überwinden, denen man sonst in großem Bogen aus dem Weg geht. Nach meinem Selbstbild bin ich zwar manchmal ein bisschen verkrampft, was bestimmte körperliche Erscheinungen angeht, aber letztlich möchte ich mich doch als patent erweisen. Genau deshalb dachte ich, als wir nach der ersten Phase der Chemo die Nadel aus dem Port holen mussten: Kein Problem, mache ich. Es war ein Samstag, Kai lag auf dem Sofa, und jetzt musste also die Nadel raus. Es handelt sich dabei um eine Art Flügelnadel, die ziemlich fest in der kleinen Kammer steckt, die unter der Haut sitzt. Ich beuge mich über Kai, fasse die Nadel an und ziehe ein klein wenig, doch nichts rührt sich. Das Ding sitzt ziemlich fest, muss es ja auch, wer weiß, was sonst passieren könnte. Aber beim ersten Mal Rausholen ist dieser Widerstand schon ziemlich unangenehm, man weiß ja gar nicht, wie stark man ziehen und wie kräftig der Gegendruck sein darf, mit dem man den Port unten hält. Außerdem will man dem Patienten nicht wehtun und schon gar keinen Schaden anrichten. Ich versuche also, sowohl einfühlsam als auch energisch zu sein, und zupfe an der Nadel herum. Nichts rührt sich, stattdessen steigt mir ein kleines Wölkchen von Medizingeruch in die Nase – und das war's. Mir rutscht der Kreislauf weg, es dröhnt in meinen Ohren, und ich kippe nach allen Regeln der Kunst einfach um. Der arme Kai, da hat er den Salat. Er ist krank, hat ein Plastikteil im Körper, aus dem nach einer Woche Chemo die Nadel rausgezogen werden soll – und wer macht schlapp? Nicht er, sondern seine Frau! Zum Glück nahm er es mir nicht übel. Auch beim Umgang mit Portnadeln macht Übung den Meister, und mit der Zeit konnte ich die Nadel quasi im Schlaf entfernen.

Kai nahm während der Chemo sogar wieder ein bisschen zu, was bei dieser Behandlung eher ungewöhnlich ist. Vielleicht spielte seine Jugend eine Rolle, sodass er die Therapie besser vertrug als andere Menschen. Unausweichlich jedoch war der Haarausfall. Vier Wochen nach Beginn der Therapie fielen die ersten Büschel aus. Wir rasierten ihm eine schöne Glatze, das hatten wir schon vorher besprochen. Kai wollte keinen schleichenden Übergang mit immer dünner werdendem Haar. Warum sich dagegen sträuben und es möglichst lange kaschieren? Perücken oder Toupets hat er auch nie getragen. Wenn sich jemand wundert, was macht's? Es kann ruhig jeder wissen. Außerdem sind Männer mit Glatze ja nichts Ungewöhnliches.

Auch unser Sohn Nils, im August gerade vier Jahre alt geworden, sollte es wissen. Darüber hatten Kai und ich uns natürlich schon kurz nach der Diagnose Gedanken gemacht.

Wie sagen wir es unserem Kind? Dass wir es ihm sagen würden – das stand eigentlich sofort fest. Verschweigen kam für keinen von uns infrage. Ich weiß, dass andere Leute das ganz anders sehen. Wie könnt ihr so etwas machen? Man kann doch einem so kleinen Kind solche Botschaften nicht zumuten. Wie soll ein kleiner Junge mit solch einer Geschichte umgehen? Er wird massive seelische Verletzungen davontragen, wenn er mit Krankheit und Sterben seines Vaters konfrontiert wird. Man muss ein kleines Kind eher davor schützen, als es da hineinzuziehen. Klar, das kann man so sehen, und diese Fragen haben Kai und ich uns auch gestellt. Wir waren uns aber einig: Alles unter der Decke halten und Nils in so einer wichtigen Sache außen vor zu lassen – das fühlte sich für uns falsch an. Wir sind eine Familie, und wenn etwas so Einschneidendes geschieht, erleben wir das gemeinsam. Wir nehmen ihn auf dem Weg mit. So, wie es für ihn passend ist. Und so, wie er es möchte.

Ich kann nachvollziehen, dass das nicht jedermanns Sache ist. Aber ich habe selbst die Folgen eines völlig anderen Umgangs mit Krisen erlebt, als meine Eltern an Krebs erkrankten. Es war das große Tabu, wir Kinder erfuhren nichts. Dabei ist es ein Trugschluss zu glauben, dass man durch Schweigen das Schicksal ausklammern kann. Ein Kind spürt sehr genau, dass etwas nicht stimmt, auch wenn nicht darüber gesprochen wird. Und gerade wenn nicht darüber gesprochen wird, kann es sich vieles nicht erklären. Mir steht noch das Bild vor Augen, wie meine Mutter, an sich die Beherrschung in Person, damals an Silvester herzzerreißend weinte. Sie wusste nicht, wie viel von dem kommenden Jahr sie noch erleben würde, die Aussichten, dass ihr Unterleibskrebs geheilt würde, waren extrem schlecht. Für uns Kinder war es unheimlich, sie in diesem aufgelösten Zustand zu sehen. Wir wussten, dass sich etwas Schreckliches anbahnte, hatten aber keine Ahnung, was. Das beunruhigte uns die ganze Zeit. Und wir konnten sie in ihrem Leid auch nicht trösten, wir wussten ja nicht, warum sie so traurig war. Mir tut noch heute das Herz weh, wenn ich daran denke.

Schon aus dieser Erfahrung heraus wollte ich es mit Nils auf keinen Fall so machen. Kai sah es ganz genauso. Er war zwar der große Schweiger, aber absolut geradlinig, einen Haken schlagen – nichts für ihn. Zumal die beiden ein sehr inniges Verhältnis hatten. Nils und Kai, das waren die beiden Männer in der Familie, sie und nur sie machten die Männersachen, von denen ich als Frau natürlich keine Ahnung hatte. Zum Beispiel übte Nils unter Kais Anleitung, wie man einen Nagel »richtig« in die Wand schlägt, nicht so schief wie die Mama. Und er durfte im Keller mit Hammer und Säge umgehen, auch wenn die Mama dann immer anfing zu schimpfen, dass das doch viel zu gefährlich sei. »Papa helfen«, das war das Größte, weil es da immer um wichtige Sachen ging, etwas zu reparieren oder ganz neu zu bauen, etwas, worauf man hinterher sehr stolz sein konnte, gerade als Vierjähriger. Die beiden alberten auch viel herum, hatten ihre eigene Art von Witz und Humor, veräppelten einander und waren überhaupt die besten Kumpel aller Zeiten. Und bei diesem Verhältnis hätte man Nils nicht sagen sollen, dass sich sein Vater verändern, dass er irgendwann sogar sterben würde? Wie hätte er sich denn erklären können, dass alles anders wurde? Und wie würde er denn jemals wieder jemandem vertrauen können, der ihn in einer lebenswichtigen Angelegenheit hinters Licht geführt hätte?

Wie gesagt, ich verstehe, dass dieser Weg nicht für jeden infrage kommt. Er erfordert viel Mut und vor allem Klarheit über das, was man für sich und seine Lieben will. Meine Überzeugung ist, dass es der richtige Weg für alle Beteiligten ist. Weil er jedem ermöglicht, sich seine eigenen Gedanken zu machen, mit seiner Trauer und seinem Schmerz zu wachsen, weil keiner allein an irgendeiner Stelle zurückbleibt, selbst wenn es unterschiedliche Schrittlängen gibt. Meine Erfahrung hat bestätigt, dass diese Überzeugung richtig ist, jedenfalls für mich und Kai und Nils.

Nils fand es komisch, dass sein Vater eine Krankheit hatte, die wie ein Tier heißt, mehr hatte er dazu nicht zu sagen. Erstaunlich war, dass er keinerlei Berührungsängste hatte, zu keiner Zeit und in keiner Hinsicht. Dabei war Nils eher ein ängstliches Kind, das sich vor allem Möglichen fürchtete, vor Gras, Sand, Hunden, Ponys, bemalten Gesichtern, vor Menschen, die zu schnell einen Raum betraten oder unerwartet ihre Brille abnahmen, und vor noch hundert anderen Dingen. Doch vor Kais Krankheit mit all ihren Begleiterscheinungen hatte er nicht die Spur von Angst.

Wir haben ihn – schon allein aus praktischen Gründen – überall mit hingenommen, ins Krankenhaus und zu Ärzten, später auch auf die Palliativstation. Er liebte das Krankenhaus geradezu, fand den Geruch super und desinfizierte sich leidenschaftlich gern die Hände. Dass sich Kais Aussehen veränderte, machte ihm gar nichts, erst ganz zum Schluss hielt er sich zurück. Bis dahin erforschte er mit größtem Interesse die erstaunlichen Dinge, die in unseren Haushalt kamen, die Infusionsständer, Drainagebeutel, Spritzen und was es sonst noch so gab. Auch Papas riesengroße Narbe nach der Magenoperation wurde genau begutachtet. Dass Kai nach der Operation nur noch sehr wenig essen konnte, erschütterte ihn. Als er das erste Mal erlebte, wie schwer es Kai fiel, auch nur einen halben Löffel Pasta zu essen, brach er in Tränen aus. Der Magen war so krank, dass er rausgenommen werden musste: In diesem Moment verstand er, dass Krebs doch nicht nur eine Krankheit mit einem komischen Namen war.

Wenn ich sage, dass wir Nils alles erzählt haben, heißt das natürlich nicht, dass wir ihm die Krankheit genauso erklärten wie einem Erwachsenen. Als Kai mit der Chemo anfing, versüßten wir Nils die Wochen, in denen Kai nicht viel unternehmen konnte, mit der Aussicht auf viel Vorlesen und Filme gucken. Wir sagten nie alles auf einmal, sondern immer das, was gerade anlag oder wonach er fragte. Nie zu viel und nie sehr weit im Voraus. Denn Zeit und Zukunft sind Größen, mit denen ein kleines Kind nicht viel anfangen kann. Und wenn man ehrlich ist: Wir Großen verstehen das letztlich auch nicht.

Weihnachten 2009 war schön. Das erste Mal blieben wir zu Hause in Stockau und reisten nicht ins Vogtland. Dafür kamen alle zu uns. Natürlich nicht auf einen Haufen, sondern schön aufgeteilt, dass wir mehrere Tage etwas davon hatten. Kochen mussten wir auch nicht, denn unsere Eltern bestanden darauf, die Weihnachtsbraten aus der Heimat mitzubringen. Wir alle versuchten, uns so wenig wie möglich von dem beeindrucken zu lassen, was bevorstand. Noch einige Wochen Chemotherapie, und wenn alles gut lief, dann bald die große Magenoperation.

05 Glück gehabt

Mit meiner Angststörung hatte ich wirklich Glück. Klingt vielleicht komisch, ist aber so. Ich meine damit auch nicht, *dass* ich sie bekommen habe, sondern *wann*. Nämlich eine ganze Weile vor Kais Erkrankung. Wäre sie erst aufgetreten, als er bereits Krebs hatte und sich nach der Magenoperation so quälte, mit ständigem Erbrechen und allem Drum und Dran – ich weiß nicht, was passiert wäre. Ob er dann auch noch Verständnis für mich gehabt hätte. Und wie ich selbst damit klargekommen wäre, dass ich ausgerechnet in dieser Situation solche Reaktionen entwickelt hätte. Meine Panik bezieht sich nämlich auf Krankheiten, auf Keime, Infektionen und alles, was damit zusammenhängt.

Wer das so liest, hält diese Sache möglicherweise für relativ harmlos, verglichen mit »echten« Krankheiten wie etwa Kais Magenkrebs. Doch das täuscht. Wer noch nie eine richtige Panikattacke erlebt hat, kann sich schwer vorstellen, was mit einem passiert. Viele Leute denken: Ist doch nicht so schlimm, man muss sich halt ein bisschen zusammenreißen. Darf sich nicht so gehen lassen. Sollte mal ein wenig positiver denken oder sonst was in der Art. Den Leuten, die solche Ratschläge von sich geben, könnte ich den Hals umdrehen! Die haben nämlich keine Ahnung. Die urteilen ungehemmt auf der Grundlage ihres »gesunden«

Menschenverstands, wissen aber nichts, überhaupt nichts. Wer von einer Panikattacke überfallen wird, der hat nichts, was er zusammenreißen könnte. Der kann an nichts denken, was aufbauend ist. Eine akute Angststörung findet nämlich in einer ganz anderen Dimension statt, die läuft jenseits von irgendwelchen kontrollierten Verhaltensweisen ab. Sich zusammenzureißen oder positiv zu denken: Das würde ja bedeuten, dass man noch einen Willen hätte beziehungsweise den Zugang dazu. Das hieße, dass man als Person vorhanden ist, die noch etwas steuern oder beeinflussen kann. Aber genau da liegt der Punkt: Man ist gar nicht mehr da. Man hat kein Ich mehr. Da sind nur noch ein Körper, der zittert, und eine Seele, die von Schwärze umgeben ist und nichts anderes als diese Schwärze erkennt.

Bis es mich selbst erwischt hat, hatte ich keine Ahnung, dass es so etwas überhaupt gibt. Wenn ich Zeuge eines Panikschubs bei einer Freundin oder einem Verwandten geworden wäre, hätte ich vielleicht selbst blöde Ratschläge verteilt oder gemeint: »Ist doch nicht so schlimm, es gibt doch gar keinen Grund, sich so zu fürchten.« Jetzt weiß ich: Darum geht es nicht. Es spielt überhaupt keine Rolle, ob etwas objektiv gesehen besonders, ein bisschen oder gar nicht schlimm ist. Es handelt sich um etwas vollkommen anderes als um eine mehr oder weniger vernünftige Reaktion auf etwas, das real geschieht. Die Panik treibt einen aus dem Rahmen, den man kennt und in dem man sich bewegen kann

Ich erinnere mich noch genau an meine erste Panikattacke, obwohl ich den Moment, als es geschah, wie im Nebel erlebte. Auslöser war ein vollkommen harmloser

Satz. Kai hatte Nils von der Kinderkrippe abgeholt, die beiden kamen zur Tür reingepoltert, und Kai bemerkte: »Nils hat heute wieder in die Hose gemacht, kleiner Durchfall.« Er sagte es eher beiläufig, das war ja keine große Sache.

Für die beiden war es nichts Besonderes. Doch bei mir löste diese harmlose Mitteilung eine Explosion aus. Es war, als hätte jemand einen Schalter in mir umgelegt, von »Normal« auf »Durchgedreht«. Ich wusste nicht, was mit mir geschah. Ich dachte nur: Das ist das Ende. Jetzt ist alles aus. Es war so, wie wenn man im Auto sitzt und auf einen Berg oder einen Abgrund zurast und weiß, dass die Bremsen nicht funktionieren. Man erwartet den sicheren Tod, das endgültige Ende. Doch das Ende kommt nicht. Man zerschellt nicht an dem Berg, man liegt nicht zerschmettert auf dem Boden des Abgrunds. Und das ist nicht gut, sondern grausam. Denn dieser Moment des Erkennens, dass das vermeintliche Ende nahe ist, hört nicht auf. Er wird ausgedehnt in die Ewigkeit. Jetzt ist alles aus. Und dieses Jetzt, dieses fundamentale Gefühl des letzten Moments, will einfach kein Ende nehmen.

Mein Kopf, mein Verstand kann nichts machen. Aber mein Körper reagiert auf diesen existenziellen Alarm. Jeder Muskel zittert, ich habe keinen Halt mehr, mir bricht der Schweiß aus, ich kann nicht mehr schlucken – ich kann gar nichts mehr. Die Welt geht unter.

Wie kann das sein? Die Welt und ich gehen unter, nur weil Kai sagt: »Nils hat in die Hose gemacht.« Es gibt keinen vernünftigen Zusammenhang zwischen diesem Satz und meiner Reaktion darauf. Aber Angststörungen sind eben nicht vernünftig. Das gehört ja zum Kern der Sache.

Dieser harmlose Satz brüllt mir die Botschaft zu: Achtung! Keime, Bakterien, Krankheit! Allerhöchste Gefahr! Lebensbedrohung! Ich hatte so einen kleinen Durchfallsatz schon oft gehört, auch selbst gesagt, das ist ja normal bei einem kleinen Kind im Haus. Nie war daraufhin etwas Außergewöhnliches passiert. Aber jetzt reagierte ich anders als sonst, und zwar in einer vollkommen unangemessenen, übertriebenen Weise. Nur war es eben nicht möglich für mich, angemessen und richtig zu reagieren. Darin besteht ja das Krankhafte an Angststörungen.

»Ist doch gar nicht schlimm« – diese gedankliche Option scheidet aus. Der Kopf kann nicht mehr differenzieren zwischen »nicht schlimm« und »katastrophal«. Der Körper entscheidet quasi selbstständig, wie er reagiert. Angst ist ja an sich eine gute Sache, sie bewahrt uns vor gefährlichen Situationen beziehungsweise hilft uns, in Gefahr schnell zu reagieren. Der Körper weiß in solchen Momenten, was er zu tun hat. Der Adrenalinspiegel steigt, der Herzschlag beschleunigt sich, der Blutdruck geht in die Höhe usw. Anthropologisch gesehen stammt diese Reaktion noch aus der Frühzeit des Menschen, als er unter Einsatz seiner Körperkräfte etwa vor einem Mammut fliehen und dafür sein System auf Touren kommen musste. Wenn dieses System aber aus den Fugen gerät, dann entsteht ein Problem. Der Adrenalinspiegel sinkt nicht mehr auf Normalmaß. Und es braucht nur einen kleinen Anlass, den Trigger, dann schießt er noch mehr in die Höhe. Mein Trigger sind Krankheiten, vor allem solche des Magen-Darm-Trakts. Sie müssen noch gar nicht real vorhanden sein. Es reicht schon die Ankündigung.

Als Kai so beiläufig das Wort »Durchfall« aussprach, steckte ich gerade mitten in den Vorbereitungen für einen Abend, zu dem ich ein paar Kollegen eingeladen hatte. Es sollte ein Bummelessen geben. So nannte ein damaliger Freund ein Essen, bei dem jeder hier und da etwas pickt – Trauben, Käsewürfel, Oliven und anderes – und das sich gemütlich in die Länge zieht. Aber jetzt? Ausgeschlossen! Wie soll ich mit dieser über mir schwebenden Katastrophe überhaupt Gäste empfangen? Ich muss absagen. Unter Aufbietung aller Kräfte rufe ich die Kollegen an. Ich erkläre ihnen, dass das Treffen ausfallen muss und sie nicht kommen können. Der Grund: Nils hat in die Hose gemacht. Sie sagten es nicht wörtlich, aber sie müssen mich für irre gehalten haben – was ich in gewisser Weise ja auch war. Eine volle Kinderhose ist schließlich das Harmloseste von der Welt, das reicht gerade mal so eben für die Rubrik der kleineren Störungen, die höchstens zehn Minuten Aufmerksamkeit erfordern. Kein Grund, ein lange vorher verabredetes Treffen ausfallen zu lassen – »Ist doch gar nicht schlimm!«

Sie kamen also trotzdem. Ich war wie in Trance, tappte herum, grinste verkrampft. In mir tobte es. Ich hatte das Gefühl, dass das Adrenalin bis in die Haarspitzen reichte. Mein Herz schlug wie wahnsinnig. Es presste sich gegen meinen Kehlkopf und nahm überhaupt viel zu viel Raum in Anspruch. Essen konnte ich nichts. Einen Bissen versuchte ich, musste ihn aber sofort wieder ausspucken. Ich war vom Kopf bis zu den Zehenspitzen verkrampft, es gab keine lockere Stelle mehr an mir. Dieser Zustand verursachte Schmerzen – und schärfte meine Sinne. Über das

Babyfon lauschte ich auf jeden von Nils Atemzügen. Drehte er sich mehrmals oder schnaufte er nur ein kleines bisschen lauter, erwartete ich das Schlimmste: Jetzt geht's wieder los, er hat neuen Durchfall! Bakterien, die sich ausbreiten werden! Krankheiten, die sich auf mich übertragen! Ich kann mich an sonst nichts mehr erinnern, keine Ahnung, wie ich den Abend durchstand. Kai unterhielt die Kollegen, ich saß wie versteinert dabei, bis sie endlich aufbrachen.

Von diesem Tag an legte sich diese Angst wie ein Schatten, besser gesagt, wie ein Netz über mich. Ich kam da einfach nicht mehr raus. Mir ging es manchmal so schlecht, dass ich alle Symptome der Magen-Darm-Grippe zeigte, obwohl mich gar kein Virus erwischt hatte. Diese Angst vor Ansteckung, Keimen, Ausscheidungen, Erbrechen und allem, was damit zusammenhing, beherrschte mich. Immer, nicht nur in akuten Fällen. Ein Telefonat mit meiner Mutter, die ja schließlich 120 Kilometer entfernt wohnt, konnte mich in Alarmzustand versetzen. Sie brauchte nur zu erwähnen, dass mein Vater Magengrimmen hatte. Dann rechnete ich sofort nach, wann er das letzte Mal Kontakt mit meinen Großeltern gehabt haben konnte, die zwei Tage vor dem Telefonat bei uns zu Besuch gewesen waren. Konnten sie das Bakterium oder das Virus, das meinem Vater Bauchweh und sicher auch bald Durchfall bescherte, bei uns eingeschleppt haben? Wie lange blieb die Ansteckungsgefahr bestehen? Wie hatte ich meine Oma genau berührt? Opa hatte mich sogar umarmt!

Desinfizieren wurde meine Leidenschaft. Ich war dauernd mit Desinfektionsspray unterwegs und versuchte, unser

Haus in eine keimfreie Zone zu verwandeln. Ich sprühte alles ab, was zu erreichen war, wischte wie eine Verrückte sämtliche Kontaktflächen. Nils durfte keine Kinder mehr nach Hause bringen. Sie hätten ja aus der Kinderkrippe irgendwelche ansteckenden Krankheiten bei uns einschleppen können. Traurig war, dass ich engen Körperkontakt mit Nils vermied, wenn es irgendwie ging. Schwierig bei so einem kleinen Kind. Außerdem sollte er ja auch nicht mitbekommen, dass ich ihn nur sehr ungern berührte. Aber die nackte Wahrheit ist: Ich mochte ihn nicht mehr anfassen. Wenn er krank war, konnte ich mich nicht um ihn kümmern. Ich musste das Haus verlassen. Die Nähe und den Geruch von Krankheit ertrug ich einfach nicht.

Der arme Kai, es blieb alles an ihm hängen. Und ihn traf es natürlich auch. Ich konnte ihn kaum küssen. Und wenn es doch mal zu einem Kuss kam, musste ich mir danach den Mund abwischen. Heute wundere ich mich, wie er das alles ausgehalten hat. Wie meine beiden Männer diese Zeit mit mir überstanden haben.

So eine Angststörung hat eine akute Seite und eine permanente. Entweder überfällt einen eine Attacke, oder man hat Angst davor, dass es bald so weit ist. Das sind die beiden möglichen Zustände. Und diese Angst kostet Kraft. Oft war ich völlig erschöpft, weil ich viel zu wenig schlief. Denn nachts war es am schlimmsten. Nachts ist alles am schlimmsten. Ich lag im Bett, starrte in das Dunkel des Zimmers und malte mir aus, was passieren könnte. Meine Ohren waren stets gespitzt: Ich horchte, ob über das Babyfon unheilvolle Zeichen von Nils aus dem Kinderzimmer herüberkamen, oder zählte mit, wie oft sich Kai neben mir umdrehte oder sich im Schlaf auf andere Weise seltsam verhielt. Kleine Schnaufer und häufiges Herumwälzen waren stets erste Symptome, jedenfalls in meinem System. Natürlich konnten bei mir auch welche auftreten, das musste ich berücksichtigen, und damit rechnete ich auch.

Ständig war ich beschäftigt mit Beobachten, Nachhören, Überlegen, gedanklichem Ausmalen. Dauernd schaute ich auf den Wecker, horchte wieder und wartete darauf, dass es zwei Uhr wurde. Das war nämlich die Regel, die ich mir selbst zurechtgelegt hatte: Wenn sich bis nachts um zwei Uhr keiner übergibt, dann passiert es auch danach nicht mehr, und der Rest der Nacht ist sicher, einigermaßen wenigstens. Erbrechen war nämlich noch schlimmer als Durchfall. Bei Durchfall konnte ich mir immerhin noch sagen, dass das, was unten raus war, oben nicht mehr zutage treten würde. Aber Erbrechen war grauenvoll. Dieses Würgen, der saure Geruch, das Unnatürliche, Unkontrollierte! Das trieb mich in den Wahnsinn.

Dass Kai diese Phase mitgemacht hat, rechne ich ihm hoch an, bis heute. Ich hätte ihn verstanden, wenn er irgendwann mal gesagt hätte: »Anja, du tickst ja nicht ganz richtig! Mach deinen Scheiß alleine!«

Wobei – irgendwie hing meine Angststörung auch mit ihm zusammen, zumindest indirekt. Wir sind grundverschieden. Was an sich kein Drama sein muss. Ich bin super organisiert, immer pünktlich, ordne gern alle Dinge »richtig« und fühle mich erst dann wohl, wenn ich alles unter Kontrolle habe. Ich bin so erzogen worden, alles muss »stimmen«. Auch ich selbst natürlich. Ich möchte immer alles richtig machen und den Ansprüchen der anderen, aber auch meinen eigenen genügen. Doch die anderen müssen natürlich mitspielen, sie müssen meine Anforderungen ebenfalls erfüllen. Kai war eher das Gegenteil von mir und in allem immer sehr locker, mit Geld, mit Freunden, mit Zeit. Eigentlich war er nie pünktlich. Wenn er sagte: »Bin gleich zurück«, dann konnte das bedeuten, in fünf Minuten oder in fünf Stunden. Ich konnte diese Ungewissheit nicht ertragen, aber er konnte dieses Verhalten auch nicht abstellen. Es war keine Auflehnung gegen meine Gründlichkeit und Kontrolle, er war halt einfach anders gestrickt als ich. Also habe ich dauernd hinter ihm hertelefoniert. Alle zehn Minuten rief ich ihn an und wollte wissen, wo er gerade war. Das tut mir heute noch leid. Ich konnte zwar nichts dafür, weil ich nicht Herrin meiner selbst war, aber das nützte ihm ja nichts.

Seine Freunde und Kollegen waren überzeugt, dass er mit einem Monster von Frau verheiratet war, die ihm keinen Millimeter Raum zugestand und ihn nie in Ruhe ließ. Ab und zu machte der eine oder andere von unseren gemeinsamen Freunden auch eine Bemerkung, so in dem Sinne: »Anja, übertreib nicht, lass doch mal locker.« Die dachten, ich spinne – und ich dachte, die spinnen, ist doch alles normal. Einige von diesen sogenannten Freunden mutmaßten nach Kais Diagnose sogar, dass er sich den Krebs durch mich eingefangen habe, weil ich ihn dauernd unter Druck gesetzt hätte.

Es wurde erst besser, als ich eine Therapie begann. Natürlich kam ich nicht von selbst auf die Idee, dass eine Therapie die Lösung wäre. Ich wusste ja nicht, dass ich ein psychisches Problem hatte. Ungefähr drei Wochen nach dem ersten Anfall schleppte ich mich zu unserem Hausarzt, weil ich dachte, dass sich bei mir eine Magen-Darm-Grippe ankündigte – Alarmstufe rot! Ich brauchte nur die Hand auf meinen Bauch zu legen und das Gluckern zu spüren, da geriet ich schon in hellen Aufruhr. In Erwartung des Kommenden hatte ich in Schreckstarre auf der Couch gelegen, vollkommen verkrampft und keuchend. Als es mir ein bisschen besser ging und ich wieder laufen konnte, fuhr ich zu unserem Hausarzt. Ich holte Luft und beschrieb ihm haarklein sämtliche Symptome, die Verkrampfung, das Schwitzen, das Herzrasen und alles andere. Am Schluss meines Sturzbachs an Detailerläuterungen forderte ich ihn auf, das alles schleunigst abzustellen und mir etwas zu geben, was meinen Magen wieder ins Lot brächte. Heute muss ich über mich und meine Erwartungen lachen beziehungsweise den Kopf schütteln. Aber damals dachte ich, er verschreibt mir ein paar Tropfen, und gut ist's.

Zum Glück war der Mann deutlich klüger als ich. Er musste gar nicht lange nachdenken, sondern sagte ganz gelassen: »Frau Lauckner, es ist nicht der Magen. Das ist eine Angststörung, wie sie im Lehrbuch steht, ich kann Ihnen da nicht helfen. Aber ich weiß jemanden, der das kann. Ich überweise Sie an einen Psychologen, der auch Allgemeinmediziner ist und der sich mit diesen Dingen bestens auskennt. Außerdem übernimmt er auch Notdienste, sodass Sie sich jederzeit an ihn wenden können.« Für die Zeit bis zum Beginn der Therapie bekam ich ein Notfallmedikament. Das nahm ich damals aber nicht, aus völliger Unkenntnis der Lage und weil ich Sorge hatte, direkt in die Abhängigkeit zu schlittern. Heute weiß ich, dass das Quatsch war. Solche Mittel helfen, dass sich der Körper beruhigt und man wieder ein bisschen runterkommt von der ewigen Alarmstufe, dass man die Dinge nüchterner sieht. Sie versetzen einen in die Lage, die Dinge, die einem Angst machen, wieder im Normalzustand zu betrachten.

Manchen Menschen ist es peinlich, wenn bei ihnen eine psychische Störung diagnostiziert wird – ich war froh! Denn nun war es offiziell »beglaubigt«, dass ich nicht einfach nur besonders zickig oder arg verkrampft war. Auf meinem gelben Schein stand vielmehr: Angststörung. Das heißt, ich hatte eine Krankheit, die behandelt werden konnte. Was für eine große Erleichterung!

Auch für Kai machte es die Sache einfacher. Sein Verhältnis zu Krankheiten war ebenfalls speziell. Er hatte nämlich gewissermaßen keins. Er ignorierte sie, so weit es eben ging, im Grunde gab es für ihn gar keine Krankheit. Auch wenn er vierzig Grad Fieber hatte, ging er zur Arbeit. Als er dann selbst so schwer krank war, zeichnete ihn auf der anderen Seite aus, dass er so gar kein Aufhebens davon machte. Es war einfach nicht seine Art. Nachdem ich also meinen gelben Schein mit der Diagnose hatte, schlossen wir ein Abkommen: Ich verlangte nicht von ihm, dass er genau verstand, was mit mir los war. Dafür sollte er im Gegenzug akzeptieren, dass ich dabei war, meine Attacken in den Griff zu bekommen, und mir den Rücken während der Therapie frei halten.

Das hat er dann auch gemacht. Kai unterstützte mich auf großartige Weise, so, wie es nicht viele Männer bei ihren Frauen machen würden, davon bin ich überzeugt. Auch um Nils kümmerte er sich, wie es kaum ein anderer machte. Die meisten Väter haben mit kleinen Kindern nicht so viel am Hut. Sie beginnen erst, sich für den Nachwuchs zu interessieren, wenn er richtig spricht, vielleicht sogar erst ab der Einschulung. Bei Kai war es anders, er sorgte sich rührend um Nils, der damals ja erst zwei Jahre alt war. Sie unternahmen viel zusammen, und Kai pflegte ihn liebevoll, wenn Nils einen Schnupfen bekam oder eine andere Krankheit, die bei mir das Adrenalin in die Höhe trieb. Die beiden kamen sich dadurch sehr nahe, das war immerhin ein schöner Nebeneffekt meiner Störung.

Und wie erwähnt gab es noch etwas Positives. Man stelle sich vor, meine Angststörung hätte sich erstmals gezeigt, als Kai an Krebs erkrankt war. Als er nach der Operation ohne Magen lebte und sich bis zu vierzigmal am Tag erbrach. Es wäre die Hölle gewesen. Ich wäre aus den Panikstürmen gar nicht mehr herausgekommen. Und gleichzeitig hätte ich mich zu Tode geschämt, dass ich auf Kais Not so egoistisch reagierte. Also wie gesagt: Glück gehabt!

06 Februar 2010

Wir feiern zwei ganze Tage lang, dass Kai lebt, dass er fünfunddreißig Jahre zuvor geboren wurde. Familie und Freunde kommen am 13. Februar zu uns nach Hause, es ist eine große Gaudi, die Stimmung gelassen und heiter. Wir haben alle zusammengelegt und schenken Kai zum Geburtstag einen iPod, auf den sein Name graviert und der mit seiner Lieblingsmusik bestückt ist, damit er sich im Krankenhaus nicht langweilt. Denn jetzt ist es bald so weit, er kann operiert werden. Das ist ein großes Glück und keineswegs selbstverständlich. Nach den ersten drei Blöcken Chemotherapie wurde ein CT gemacht, um festzustellen, ob sich der Tumor verändert hatte. Ja, er war ein bisschen kleiner geworden, geschrumpft auf »nur« noch acht mal sechs Zentimeter. Also noch mal drei Blöcke Chemotherapie und dann die Operation.

Am 22. Februar bringe ich Kai am frühen Abend in die Klinik, Nils kommt mit. Kai ist schlecht gelaunt, wahrscheinlich seine Art, der Nervosität Raum zu geben. Wir gehen die Treppe zur Station hoch, und Nils fängt an zu quengeln: »Mama, mir tut der Bauch weh.« Obwohl ich meine Panik mittlerweile eigentlich gut im Griff habe, sind solche Sätze Gift für mich und lösen die hektische Suche nach einer Tüte oder Ähnlichem aus, damit Nils nicht auf den Boden oder seinen Pulli spuckt. Denn »Bauchweh« ist für mich das eindeutige Signal: Gleich geht's los mit der Kotzerei. Normalerweise stecke ich immer selbst eine Notausrüstung ein, aber an diesem Ausnahmetag habe ich es vergessen. »Kai, komm, gib mir schnell deine Tüte für die Schmutzwäsche. Nils muss bestimmt gleich brechen, ich merk's schon. Los, mach schon, gib mir die Tüte.« Kai geht ohne Vorwarnung an die Decke. »Mensch, Anja, jetzt stell dich nicht so an. Lass doch wenigstens einmal das Theater sein! Nils hat nichts, gar nichts.« Er ist aufs Äußerste genervt, seine Stimme schneidend wie ein Messer. Ich hole Luft, um zurückzubollern, aber es hat ja eh keinen Zweck. Wirklich gelungen, diese Vorstellung: Ihm steht eine schwere OP bevor, und wir streiten uns über so eine Lappalie. Stressabbau.

Wir beziehen Kais Zimmer, und einer der Assistenzärzte nimmt uns in Empfang. »Herr Lauckner, wir alle haben uns Ihre Aufnahmen noch mal angeschaut. Es wird sehr schwer. Wir können nichts versprechen, aber Sie können sicher sein, dass wir alles tun, um Ihnen zu helfen und Ihre kleine Familie beisammenzuhalten.« Und wie als Kommentar zu den Worten des Arztes wählt Nils genau diesen Moment, um die Backen aufzublasen und den Rücken ein bisschen zu krümmen. Ich wusste es! Mit einem Satz schnappe ich mir den Mülleimer, und Nils schickt seinen Mageninhalt mit einem kleinen Gurgeln und großem Schwung hinein. »Siehst du, ich hab's ja gesagt!« Natürlich wäre es souveräner gewesen, wenn ich auf diese kleinliche Retourkutsche verzichtet hätte, aber … So trägt halt jeder von uns dreien seinen Teil zur Atmosphäre dieser außergewöhnlichen Situation bei.

Am nächsten Morgen um neun Uhr klingelt das Telefon, ich erkenne die Kliniknummer auf dem Display und bin alarmiert. »Hallo, Schatz, ich bin's. Kannst du mich abholen? Heute wird's nichts mit meiner OP. Die haben kein Bett auf der Intensivstation frei.« Meine Güte, die ganze Aufregung gestern umsonst. Kai kommt nach Hause, ist in düsterster Stimmung und beschäftigt sich hauptsächlich damit, auf der Fernbedienung des Fernsehers rumzudrücken. Ständig liegen wir uns in den Haaren. Am nächsten Tag dann dasselbe: Wir bringen Kai abends in die Klinik, und wieder wird er am nächsten Morgen entlassen, weil kein Intensivbett frei ist. Inzwischen ist auch meine Mutter angereist, zur seelischen und sonstigen Unterstützung, die wir bitter nötig haben. Unser aller Nerven liegen blank.

Am Abend des 25. Februar bringe ich Kai zum dritten Mal in die Klinik. Es ist schon spät, bestimmt nach einundzwanzig Uhr, und kein Mensch im Foyer. Irgendwie habe ich das Gefühl, dass es dieses Mal wirklich ernst ist. Wir umarmen uns und stehen lange eng umschlungen einfach nur so beieinander. Er bekommt ein Abschiedsgeschenk von mir: »Wenn du das hier alles schaffst und gut durchkommst, lasse ich mir die Haare für dich wachsen.« Kai lächelt auf seine Art, ein bisschen schief, und seine Augen werden ein klein wenig dunkler. Er mochte es immer viel lieber, wenn ich die Haare lang trug. Das ganze folgende Jahr ließ ich die Haare dran und schnitt nichts ab.

Am nächsten Morgen erledige ich zu Hause meine Routinearbeiten, bringe Nils in den Kindergarten und versuche, nicht allzu viel über das nachzudenken, was wohl gerade ein paar Kilometer entfernt im Klinikum Bayreuth mit Kai geschieht. Die Operation soll um acht Uhr beginnen und drei bis vier Stunden dauern, danach wird sich die Klinik bei mir melden. Dauernd schaue ich aufs Display, ob ich vielleicht den Anruf überhört haben könnte, was aber ausgeschlossen ist. Schließlich kann ich mich nicht mehr beherrschen und rufe selbst an. »Nein, Frau Lauckner, Ihr Mann ist noch im OP. Wir melden uns.« Stündlich wähle ich die Nummer, jedes Mal dieselbe Antwort: »Es dauert noch. Die OP ist noch nicht beendet.« Irgendwann halte ich es nicht mehr aus, meine Mutter und ich setzen uns ins Auto. Auf dem Weg in die Klinik klingelt mein Handy. Dr. Weiner ist dran, der Arzt, der Kai operiert hat: »Frau Lauckner, alles o.k. Ihr Mann hat die OP gut überstanden, obwohl er viel Blut verloren hat. Wir haben ihn krebsfrei operieren können, das heißt, alle Randschnitte sind ohne Krebszellen, das haben wir gleich im Labor geprüft. Sie dürfen ausnahmsweise gleich auf die Intensivstation, das hab ich geklärt. Nehmen Sie's mir nicht übel, aber ich warte nicht, bis Sie hier sind. Wir haben sieben Stunden operiert, und ich falle gleich um. Ich kann einfach nicht mehr. Wir sehen uns morgen.«

Ich schickte ein kleines Dankgebet in den Himmel, dass alles geklappt und Kai diese Tortur überstanden hatte. Sieben Stunden! Es war eine Riesenoperation gewesen, und eigentlich war im Bauchraum nichts mehr oder nichts mehr vollständig erhalten gewesen. Der Magen war komplett entfernt worden, ebenso die Milz, der Schwanz der Bauchspeicheldrüse, die Galle, zahlreiche Lymphknoten und ein großes Stück vom Zwerchfell sowie ein Teil der Leber. Die Lunge war ein klein wenig verletzt worden. Die Blutungen waren massiv gewesen, man hatte Kai drei oder vier Blutkonserven verabreichen müssen, und es hätte gut sein können, dass der Körper mitten in der OP einfach Schluss gemacht hätte. Aber er hatte durchgehalten. Jetzt lag Kai in einem künstlichen Koma und wurde von einer Maschine beatmet.

Als wir im Krankenhaus ankamen, war ich aufgeregt, aber guter Stimmung, eher freuderfüllt als nervös. Kai hatte diesen großen Brocken hinter sich, der Krebs war raus, und jetzt mussten wir halt schauen, dass er sich erholte und bald wieder auf die Beine kam. Nie zuvor war ich auf einer Intensivstation gewesen, das ist schon ein Erlebnis für sich. Allein die Vorbereitung: Taschen und Jacken in einer Art Schleusenraum einschließen, grüne Kittel anziehen, Mundschutz, Haube, Plastikfolien über die Schuhe, nach genauen Anweisungen sorgfältig desinfizieren, die Handschuhe streift man sich nicht selbst über, sondern lässt es einen anderen tun. Als Fan von »Dr. House« hatte ich das schon x-mal im Film gesehen, aber wenn man es selbst machte, war es doch etwas anderes. Man wurde sich schlagartig der Gefahren bewusst, denen Frischoperierte ausgesetzt sind. Das Schlimmste wäre natürlich eine Infektion, deshalb durfte möglichst kein Fitzelchen Haut unbedeckt bleiben, außer der Augenpartie. Meine Mutter und ich wurden abgeholt, und nach einem endlos langen Gang erreichten wir endlich Kais Zimmer. Es war ein »richtiges« Zimmer, also nicht nur ein mit Wandschirmen abgetrennter Bereich. Sogar Fenster gab es. Eine Tür natürlich nicht, es musste ständig alles offen und unter Kontrolle bleiben.

Niemals in meinem ganzen Leben werde ich den Moment vergessen, als ich Kai da so liegen sah. Natürlich war er an etliche Kabel und Schläuche angeschlossen, aber das war nicht das Bestürzende, damit hatte ich ja gerechnet. Was mir für immer im Gedächtnis bleiben wird, war diese Wesensveränderung: Er war verletzt, in einem fundamentalen Sinn verletzt. Dieser gut ein Meter achtzig große und drahtige Typ, durchtrainiert und immer agil, wirkte jetzt klein, sehr zart und zerbrechlich, wie erstarrt. Seine Haut war blass, schon fast weiß. Als ich näher trat und seine Hand berührte, war sie eiskalt, ebenso das Gesicht. Er war durch und durch kalt. Hinterher erzählte er mir, dass er diese Kälte trotz Narkose und künstlichen Komas deutlich gespürt hatte. Er glaubte, zu erfrieren. Dieses Herunterkühlen war weder eine Panne noch eine Ausnahme. Man macht das, damit der Stoffwechsel verlangsamt wird und der Patient wenig Energie verbraucht. Es ist nicht ganz ungefährlich und für den Kranken oft unangenehm, auch wenn er danach in ein vorgewärmtes Bett kommt.

Ich küsste Kai durch meinen Mundschutz auf die Stirn, der Rest seines Gesichts war von der Maske und dem Schlauch des Beatmungsgeräts bedeckt. »Kai, du hast es geschafft, ist alles gut gegangen, der Krebs ist raus. Du hast es gut gemacht, hast dich wirklich tapfer gehalten.« Natürlich reagierte er nicht, er lag ja noch im Koma. Aber davon bin ich überzeugt: Es dringt auf jeden Fall etwas von dem, was um einen Kranken herum geschieht, in dessen Bewusstsein. Er spürt, dass jemand da ist, und er hört die Stimme, die er kennt, den Tonfall, der ihm signalisiert: Alles ist gut. Und das wollte ich ihm unbedingt zur Beruhigung in seinen Nebelzustand schicken. Alles ist gut.

Mein Kreislauf ist im Normalfall prima. Aber wenn etwas

schräg läuft, verabschiedet er sich als Erstes. Als ich mit sechs Jahren die Windpocken hatte, blickte ich aus Neugier in den Spiegel – und erschrak über den Anblick der Sprenkel so sehr, dass ich umkippte. Auch als Nils im Alter von zwei Jahren die Mandeln gekürzt wurden, fiel ich im Krankenhaus in Ohnmacht. Meine Mutter, die dabei war, kämpfte an zwei Fronten: Auf der einen Seite beruhigte sie den schreienden Nils, auf der anderen Seite hielt sie mir die Beine hoch, damit das Blut wieder Richtung Kopf floss. Von solcher Art gab es noch einige Vorfälle mehr. Meistens spielt der Geruch eine große Rolle, es gibt eine Reihe eigentümlicher Duftnoten, die bringen mich mit Sicherheit zu Fall. Diese Empfindlichkeit und mein gleichzeitiges Sicherheitsbedürfnis – ich muss immer *genau* wissen, was Sache ist – liegen oft miteinander im Clinch. Meistens siegen beide: erst die Neugier und dann die Schwäche.

Auch nach der OP lief es wieder nach diesem Muster. Mich interessiert halt einfach immer, was sich unter der Oberfläche, vielleicht sogar unter dem Deckmantel befindet. Also hebe ich die Decke, die über Kai liegt, ein klein wenig hoch, um zu schauen, wie es an der Operationsstelle aussieht. Jeder, der meint, dass so etwas total bescheuert ist, hat vollkommen recht – aber ich konnte nicht anders. Kai hatte sein OP-Hemd an, weiß und grau gepunktet. Ich nehme einen Zipfel und hebe das Hemd an. Kais Brust hebt und senkt sich, aber nicht aus eigenem Antrieb, sondern weil die Beatmungsmaschine arbeitet, sehr gleichmäßig, mit einem monotonen Zischen. Diese ungerührte, fremde Gleichmäßigkeit der Bewegung wirkt gespenstisch, ein bisschen wie in einem Sciencefiction-Film. Die Operationsnarbe ist riesig. Sie beginnt am Brustbein, läuft über den ganzen Oberkörper und verschwindet dann kurz vor dem Bauchnabel unter einer dicken Wundauflage. Der metallische Geruch von Blut, von Desinfektionsmittel und irgendetwas anderem steigt mir in die Nase und verdichtet sich zu dem OP-Geruch, der mit Sicherheit meinen Fall herbeiführt. Ich merke, wie mir schummerig wird, und schaffe es immerhin noch die paar Schritte bis auf den Flur, wo ich zusammenklappe. Sofort kommt ein Pfleger, er will mich hochprofessionell mit einer Infusion versorgen, doch meine Mutter stoppt ihn. »Lassen Sie mal, das macht sie öfter. Ist nichts Schlimmes.« So bekomme ich nur eine Cola und etwas Traubenzucker und bin bald wieder auf den Beinen.

Das war der Auftakt zu meinem selbst entwickelten Trainingsprogramm »Anja übt die Intensivstation«. Bei jedem Besuch passte ich nun auf wie ein Schießhund, und sobald der Kreislauf ein bisschen weicher wurde, ging ich raus, legte mich quer über die Besucherstühle, trank einen Schluck Cola, wartete ein paar Minuten und kehrte dann wieder zurück. Das klassische Desensibilisierungsprogramm, funktioniert auch ohne Allergie. Nach ein paar Mal war ich immun.

Am Tag nach der OP wird Kai wie geplant aus dem Koma geholt. Als ich morgens auf die Intensivstation komme und den Gang entlanglaufe, höre ich ihn schon von Weitem: Würgend und stöhnend übergibt er sich. Ich erkenne ihn rein akustisch, es ist eins der Geräusche, die ich am meisten hasse, bei ihm und jedem anderen.

Wie kann das sein? Kai hat keinen Magen mehr, seit Tagen nichts gegessen, wie kann er sich da übergeben? So laut und so intensiv, dass man es schon von Weitem hört? Ich renne auf den Stützpunkt, das ist sozusagen die Kommandozentrale der Intensivstation, in der Mitte gelegen, ein bisschen erhöht, damit Ärzte und Pflegepersonal von dort aus alles im Blick haben. Dort erklärt man mir, was los ist. Der Magen ist zwar raus, aber das Gehirn hat das noch nicht verstanden. Auch nicht, dass so viele weitere Teile fehlen. Und da die Ursache von Übelkeit nicht im Magen liegt, sondern im Gehirn, kann einem halt auch ohne Magen schlecht werden. Das bisschen Flüssigkeit, was beim Würgen tatsächlich mit hochkam, war OP-Schleim.

Obwohl Kai schlecht aussieht, bestätigt mir Stefan Huber, ein Freund von uns, der an Kais Operation als Facharzt für Anästhesie beteiligt war, dass alle Werte in Ordnung sind und er sich, gemessen an dem schweren Eingriff, in einem stabilen und guten Zustand befindet. »Anja, die Faustregel lautet: Große Bauch-OP ist gleichbedeutend mit großem, langem Heilungsprozess. Das lässt sich nicht mit einem kleinen Geschwür oder ein bisschen verletzter Schleimhaut vergleichen. Das stellt alles auf den Kopf, und der Körper hat unglaublich viel zu tun, um die Wunden zu schließen und sich an die neue Situation zu gewöhnen.« Stefan bemüht sich auch nach der OP sehr um uns und versucht, mein ängstliches Herz zu beruhigen. Denn daran muss man sich erst mal gewöhnen, dass die normalen Kriterien nicht mehr anzuwenden sind. Wenn Kai kreidebleich und verstört aussieht, dann ist das, gemessen an dem, was gemacht worden ist, kein Alarmzeichen, sondern ganz normal.

Mit einer veränderten inneren Optik mussten sich später auch unser Hausarzt oder gelegentlich ein Vertretungsarzt erst vertraut machen. Bei Ultraschalluntersuchungen bot sich ihnen ein vollkommen ungewohntes Bild: Sie sahen vor allem nichts, leeren Raum. Und das, was noch da war, verhielt sich auch nicht nach Plan. Die Blase war verrutscht, der Darm schlängelte sich anders als üblich durch die Bauchhöhle, und ins Zwerchfell war eine Art Netz eingesetzt worden, um es zu befestigen.

Viel miteinander sprechen wir nicht, Kai ist ziemlich schwach. Ich halte vor allem seine Hand und versuche, Zuversicht zu verströmen. Ab und zu wische ich ihm mit einem Wattestäbchen, das mit einer zitronensaftähnlichen Flüssigkeit getränkt ist, den Mund aus. Fünf Tage lang darf er nichts essen, sondern wird über eine Magensonde künstlich ernährt. Ab dem dritten Tag muss er aufstehen und »trainieren«, das heißt Atemübungen machen, die Bauchbänder gezielt beanspruchen usw. Früher durfte man nach solchen Eingriffen gar nichts tun, sondern musste sich schonen. Der Effekt war, dass man total schwach war, wenn man nach etlichen Wochen Liegezeit aus dem Krankenhaus kam, auch nicht ideal. Heute gilt das Gegenteil: so schnell wie möglich raus. Aber es ist schon hart, wenn man sich drei Tage nach einem solchen Eingriff aus dem Bett quälen muss, mit einer großen äußerlichen und einer riesigen inneren Wunde, mit Kanülen und allem Möglichen, das an einem hängt.

Egal, ob er im Bett lag oder aufstand, seine Schmerzen müssen irrsinnig gewesen sein. Überall an den Schnittflächen waren gekappte Nerven, die rebellierten, grausame innere Wunden. Natürlich bekam er Schmerzmittel, vor allem Morphin, das mit einer Schmerzpumpe über einen sogenannten Periduralkatheter in den Wirbelkanal eingeleitet wurde. Aber es dauerte eine Weile, bis sich die Wirkung aufbaute. Außerdem wird immer individuell ermittelt, wie hoch die Dosierung sein soll. Dafür allerdings muss sich der Patient dazu äußern, ob das Medikament wirkt, wie stark die Schmerzen auch nach Gabe einer bestimmten Dosis noch sind. Für Kai leider unmöglich. Über den Umgang mit Schmerzmitteln haben wir uns nie einigen können, niemals. Er hatte vollkommen absurde Ansichten dazu, vielleicht irgendwelche Männlichkeitsideale oder sonst was, und rückte keinen Millimeter davon ab. Jedenfalls glaubte er damals, dass man Schmerzen »aushalten« müsse, dass »leiden« halt zur Krankheit gehöre. Dabei machten die Schmerzen alles schlimmer. Ich konnte ihm hundertmal erklären, dass Schmerzen die Heilung behindern, dass sie dringend benötigte Energie verschlingen, zu Verkrampfungen führen, obwohl Entspannung nötig wäre, um Übungen zu machen oder sich überhaupt zu bewegen, und dass das Schmerzgedächtnis, das sich aufbaut, kaum noch zu behandeln ist. Nichts zu machen. Stur wie ein Bock. Er sagte nichts.

Der Krankenhausbetrieb ist natürlich darauf angewiesen, dass der Patient mitarbeitet und Informationen über seinen Zustand preisgibt, die die passenden Maßnahmen ermöglichen. Dass Kai da nicht mitspielte, war Ärzten und Pflegern nicht klar. Das erfuhren sie erst durch mich. Ich war Kais Sprachrohr, aber im Geheimen. Wenn er erfahren hätte, dass ich die Ärzte auf seine Schmerzen aufmerksam machte und Maßnahmen von ihnen verlangte, wäre er an die Decke gegangen. Als er sich am Tag nach der OP dauernd erbrach und seine Schmerzen unerträglich gewesen sein müssen, äußerte er kein Wort dazu. Aber ich sah es deutlich: Er litt wie ein Tier. Also rannte ich vor zum Stützpunkt und wurde ein bisschen laut: »Sagen Sie mal, mein Mann erbricht sich pausenlos, er hat Schmerzen ohne Ende – wollen Sie da nicht was unternehmen?« Große Überraschung, man habe ihn doch kurz zuvor noch gefragt und die Aussage erhalten, das alles o.k. sei. Da klärte ich Ärzte und Pflegepersonal auf und vermittelte ihnen einen kleinen Einblick in Kais Psyche. Je öfter ich da war, später auch auf der normalen Station, umso vertrauter wurde das Verhältnis zwischen uns und umso mehr verließen sie sich auf meine Aussagen. Weil sie auch bald erkannten, dass ich keine hysterische Ehefrau war, die ihre Kompetenz anzweifelte, sondern einfach den tatsächlichen Zustand mitteilte, sodass sie wussten, was zu tun war.

Am fünften Tag musste Kai mit dem Essen beginnen. Noch mehr Schmerzen. Essen ohne Magen – das hat mit dem Essen von früher nichts zu tun. Der Darm muss die Aufgabe des Magens übernehmen, ist aber zunächst mal nicht darauf eingerichtet, sondern muss langsam darauf vorbereitet werden. Das heißt, viele kleinste Portionen und auf keinen Fall schwer verdauliche Sachen wie Fette. Statt dessen Puddingsuppe und Joghurt. Kai aß aber weder Puddingsuppe noch Joghurt, er war Schnitzelfan und sein Lieblingsessen Ente. Am sechsten Tag schon wurde er auf die normale Station verlegt, wo alles schneller und nicht ganz so zugewandt wie auf der Intensivstation ablief. Da kontrollierte einfach keiner, ob er seine Winzigportionen aß oder nicht. Das Tablett wurde hingestellt und nach einer

Weile wieder abgeholt. Niemand schaute, ob Kai ein paar Gramm verzehrt hatte oder nicht.

Wenn ich da war, redete ich mit Engelszungen auf ihn ein, damit er wenigstens ein bisschen aß. Er musste wieder zu Kräften kommen und sich außerdem daran gewöhnen, üben für zu Hause. Die Entlassung stand bevor, schon elf Tage nach der OP. Für meine Begriffe viel zu früh, aber nach mir ging es nicht. Das Einzige, was ich herausschlug, war eine Verlängerung um drei Tage. Denn als ich hörte, dass die Entlassung für den Freitag vorgesehen war, streikte ich: »Das geht nicht, das können Sie uns nicht antun, das packen wir nicht. Gleich ein Wochenende, ohne die normale Versorgung, ohne Ärzte im normalen Dienst. Auf keinen Fall, bitte nicht!« Kai wäre stocksauer gewesen, wenn er das gewusst hätte, doch er wusste ja sonst auch nicht alles. »Frau Lauckner, aber das ist heutzutage Standard. Entlassung nach elf Tagen, wenn nichts Außergewöhnliches vorliegt.«

Nichts Außergewöhnliches, sehr hübsch formuliert. Was wäre denn daran gewöhnlich, an einem Wochenende nach Hause zu gehen und das Leben nach der OP anzufangen mit einem Mann ohne Magen, der Schmerzen hatte und eine noch längst nicht verheilte OP-Narbe und der außerdem nicht essen wollte? Meiner Ansicht nach war die Idee eine Katastrophe. Das traute ich uns einfach nicht zu, das war viel zu früh. Wir hatten einmal im Krankenhaus ein Gespräch mit einer Ernährungsberaterin gehabt, eine halbe Stunde. Am Ende blieb ich mit zwei Zetteln zurück. Auf dem einen stand, was man bei Patienten nach einer Bauchspeicheldrüsen-OP beachten muss, auf dem anderen die Regeln für die Ernährung nach einer Magenentfernung.

»Frau Lauckner, wir behandeln doch gar nicht mehr, wir würden ihm hier im Krankenhaus auch nur das Essen bringen.« Mag sein, aber wenn etwas wäre, stünden jede Menge Ärzte und Krankenschwestern bereit. Bei uns auf dem Land keiner und am Wochenende schon gar nicht. Ich wehrte mich mit Händen und Füßen, schließlich waren meine Kräfte begrenzt. Und einen Teil davon benötigte ja auch Nils. Am Ende gaben sie nach und behielten Kai noch im Krankenhaus. Er wurde am Montag entlassen. Kai kam nach Hause.

07 Warum wir?

Ein Schicksalsschlag: Junger Mann bekommt Krebs und hinterlässt eine noch jüngere Ehefrau und einen kleinen Sohn. »Das ist ja so ungerecht!« Wie oft habe ich so etwas gehört. Oder: »Nein, ist das grausam, ausgerechnet euch hat es getroffen!« Oder: »Ihr seid doch noch so jung!«, oder: »Immer erwischt es die Falschen.« Die meisten Menschen sagen das wahrscheinlich, ohne vorher darüber nachzudenken, einfach aus der spontanen Erschütterung heraus, wenn sie das erste Mal mit unserer Geschichte konfrontiert werden.

Ja, was uns dreien passiert ist, ist schrecklich. Aber ist es ungerecht? Hätte jemand anderer dieses Schicksal eher verdient als wir? Ältere Leute vielleicht oder Menschen, die etwas auf dem Kerbholz haben? Wenn wir die Falschen sind, welche Menschen wären dann die Richtigen? Wer anfängt, darüber nachzudenken, merkt schnell, dass er in eine Sackgasse gerät. Die Menschen, die uns auf diese Art bemitleiden, tun das natürlich nie aus einer tatsächlichen Abwägung heraus, dass wir beziehungsweise Kai den Tod weniger verdient hätten als andere. Sie sind berührt, vielleicht unbewusst auch ein bisschen erleichtert, weil sie wissen: Es hat nicht mich, sondern einen anderen getroffen.

Bevor Kai so krank wurde, sprachen wir so gut wie nie

über den Tod oder übers Sterben. Die Versicherungen, die meine Eltern uns quasi als Bedingung vor der Heirat aufzwangen, waren die einzige Gelegenheit, bei der wir uns mal mit dem »Fall der Fälle« beschäftigten, eher widerwillig und natürlich auf sehr abstrakte Art. Als wir die Diagnose erfuhren und die noch mögliche Lebensdauer – zunächst gingen wir von wenigstens fünf Jahren aus –, waren wir unvorbereitet. Bei uns in der Familie lebten alle noch, außer meiner Oma. Sie war gestorben, als ich vierzehn Jahre alt war. Auch in Kais Familie gab es keine Todesfälle. Obwohl wir also keine Erfahrung mit dem Sterben hatten, würde ich sagen, dass wir instinktiv das Richtige taten: Wir haben dieses Schicksal angenommen, ohne zu fragen: »Warum? Warum wir?«

Es steckte keine mühsame philosophische Arbeit dahinter, es war einfach das sichere Gefühl, dass dafür keine Erklärung existiert. Zumindest keine, die wir hier und jetzt begreifen könnten. Ich weiß, dass es viele Menschen gibt, die von einer unbändigen Wut erfasst werden, wenn sie selbst oder einer ihrer Liebsten von einem schweren Schlag getroffen werden. Sie hadern mit Gott oder dem Schicksal, sie rasen vor Zorn und lehnen sich dagegen auf, so lange und so sehr sie können. Das ist hart. Und das tut mir leid für sie. Denn so machen sie es sich noch schwerer, als es ohnehin schon ist.

Wir haben unsere Tiefpunkte gehabt, vollkommen klar, mal habe ich geweint, mal Kai. Aber wir haben die Situation akzeptiert. Kai, der ja immer der Macher von uns beiden war, hat vielleicht ein bisschen mehr daran gekaut, dass er in dieser Sache machtlos war. Aber letztlich haben wir beide sehr schnell erkannt: Es gibt keinen anderen Weg als den, der uns bevorsteht. Das Ende ist unausweichlich. Also lass uns die Zeit, die noch bleibt, nutzen für das Leben. Wir haben darüber gesprochen, aber auch nicht pausenlos, denn was will man immer neu dazu sagen? Kais Einstellung in schwierigen Lagen lautete immer: »O.k., das ist jetzt richtig blöd, aber was soll's? Lass uns das Beste daraus machen.« Nun waren wir natürlich in einer Extremsituation, doch letztlich haben wir genauso gehandelt. Wir haben von Anfang an versucht, dem Leben nicht schon im Voraus nachzutrauern, sondern es zu leben, jeden Tag. Das ging mal besser und mal schlechter, mal gelang es fast gar nicht – aber im Wesentlichen sind wir dieser Devise gefolgt.

Ich bin überzeugt davon, dass es viel von dem wahnsinnigen Druck wegnimmt, der auf einem lastet, wenn man sich sehenden Auges auf das Ende zubewegt beziehungsweise das Ende auf einen zukommt. Aber wir beide haben ziemlich schnell begriffen, dass der Tod die notwendige Konsequenz dieser Krankheit ist, dass wir keine Möglichkeit haben, ihn zu vermeiden. Dass es keine Zauberkraft gibt, die ihn abwendet.

»Warum ausgerechnet wir? Warum nicht die anderen?« In Dr. Hübners Praxis sitzen oft Menschen, die eine schlechte Prognose bekommen und sich diese Fragen stellen. Seine Antwort ist sehr klar und sehr einfach: »Wir sind die anderen.«

08 April 2010

Nun war er zu Hause. Andere Menschen kommen nach so einer kräftezehrenden, schweren Operation in die Reha, damit sie sich erholen und vor allem lernen, mit der neuen Situation umzugehen. Es klingt vollkommen verrückt, aber Fakt ist: Wenn man keinen Magen mehr hat, beschäftigt man sich eigentlich nur noch mit Essen. Denn sich unter diesen Umständen zu ernähren verlangt ein ausgefeiltes Programm und viel Aufmerksamkeit – den ganzen Tag. Aus den üblichen drei oder vier Mahlzeiten täglich werden ungefähr zwölf. Und bei denen muss man alles Mögliche beachten. Wie man das macht, mussten wir uns weitgehend selbst beibringen. Denn Kai ging ja nicht in die Reha, sondern nach Hause, weil wir keine Zeit zu verlieren hatten. Die neue Chemo sollte in drei Wochen beginnen.

Ich informierte mich an allen möglichen Stellen, studierte die Ratgeber, legte Listen an, führte Ernährungsprotokolle und versuchte, alles richtig zu machen. Wenn's ein Weiterbildungsdiplom gegeben hätte, etwa für das erfolgreiche Info-Intensivstudium zur Versorgung ohne Magen: Ich hätte es bekommen. Ohne Magen ist alles anders. Der Darm übernimmt zwar Aufgaben des Magens, aber manche Funktionen lassen sich halt nicht ersetzen. Zum Beispiel entwickelt der Darm nicht das saure Milieu, das im

Magen herrscht und mit dem die Speisen zerlegt werden. Das heißt, schwer verdauliche Bestandteile wie Fette sind erst mal tabu. Pommes frites und panierte Schnitzel streichen, Milch ist schwierig, ballaststoffreiche Kost ebenfalls, Limonaden und Zucker sind ungünstig, reine Kohlenhydratmahlzeiten ebenso, Getränke erst eine halbe Stunde nach den Mahlzeiten, Speisen besonders gut kauen, rohes Obst meiden, nichts Gebratenes, nichts Gegrilltes, nichts stark Gewürztes, nichts Geräuchertes, keine Schokolade. Und noch tausend andere Sachen mehr sind zu berücksichtigen, zumal ja bei Kai auch ein Teil der Bauchspeicheldrüse entfernt worden war, was die Vorschriften noch mehr verschärfte. Da mit dem entfernten Magen auch das Hunger- oder Sättigungsgefühl verschwunden ist, muss alles nach einem ausgeklügelten Plan laufen. Wann aufstehen, trinken, ruhen, essen usw. – bitte all das regeln. Optimal ist, einen echten Stundenplan aufzustellen, das heißt, in jeder Stunde ist eine Aufgabe zu erledigen, etwa um fünfzehn Uhr ein Glas Wasser (möglichst kohlensäurefrei) langsam und in ganz kleinen Schlucken trinken, danach ruhen. Um sechzehn Uhr eine kleine Zwischenmahlzeit, danach ruhen.

Was nicht auf dem Plan steht, weil unkontrollierbar, sind Übelkeit und Durchfälle oder das sogenannte Dumping-Syndrom, das heißt Druck und Schmerzen im Bauchraum, eventuell Kreislaufprobleme, sturzbachartige Durchfälle. Ursache ist zu viel Nahrung in einem Abschnitt des Dünndarms – was häufig vorkommt, weil der Nahrungstransport nun mal nicht richtig funktioniert. Nicht täglich, aber häufig muss Vitamin B_{12} gespritzt werden, das kann der

Darm nicht bilden, früher hat das der Magen erledigt. Auch Eisen muss manchmal extra gegeben werden.

Es gibt Menschen, die auch ohne Magen einigermaßen gut zurechtkommen, sogar über Jahre damit leben können. Sie legen eine unglaubliche Disziplin an den Tag und sind bereit, ihre alten Gewohnheiten über Bord zu werfen. Das gelang bei uns nicht. Kai versuchte es zwar, aber nicht mit dem Elan, der nötig gewesen wäre, um dauerhaft mit der anderen Ernährung klarzukommen. Ich gab mir alle Mühe, richtete nette kleine Menüs an, zum Beispiel Schweinelendchen in einer falschen Sahnesoße, das heißt statt Sahne Milch oder ein Ersatzpulver. Manchmal bemerkte Kai die Ersatzstoffe, manchmal nicht. Und dann aß er halt ein sehr kleines Stück Fleisch, eine winzige halbe Kartoffel, ein Löffelchen sehr klein geschnittener gegarter Möhren und einen Teelöffel Soße. Dann war der Bauch randvoll und Kai ziemlich erschöpft. Ich führte Listen, was und wie viel er aß: zum Frühstück ein halbes Brötchen mit Erdbeermarmelade, danach einen Kaffee mit sehr viel Milch, um die Röstaromen zu dämpfen, fünf kleine Bonbons als Zwischenmahlzeit, drei Esslöffel Reistopf, ein Glas Wasser, ein Keks als Zwischenmahlzeit, eine halbe Scheibe Brot ohne Rinde mit Schinken ohne Fettrand, fünf Gummibärchen usw.

Im Bericht des Krankenhauses stand, er sei »essend entlassen« worden. Aber das stimmte nicht. Als er rauskam, war er nicht ans Essen gewöhnt, und wir hatten nur wenig Zeit, um ihn halbwegs in Form zu bringen. Drei Wochen bis zur nächsten Chemo – das reichte nicht hinten und nicht vorn, selbst wenn er richtig hätte essen können. Die Chemo war notwendig, da einige der entfernten Lymphknoten krebsbefallen waren und man nicht wusste, ob beziehungsweise wo der Krebs noch weiter gestreut hatte. Da die Chemo die Zellteilung unterdrückt, hätte das auch die Wundheilung beeinträchtigt, deshalb die kleine Karenzzeit von drei Wochen. Kai hätte möglichst ein bisschen zunehmen sollen, damit er die Chemo einigermaßen verkraften konnte, stattdessen nahm er ab. Wir versuchten es mit hochkalorischem Pulver, das man überall unterrühren konnte und das angeblich geschmacklos war. Kai fand es aber immer heraus und hörte sofort auf zu essen, er konnte dann einfach nicht mehr schlucken. Ich versuchte alles Mögliche, damit er ein paar Gramm, am liebsten Kilo zunahm. Meine Kochkünste, vorher nicht besonders toll, verbesserten sich täglich. Selbst Kai erkannte das an. Trotzdem, er wurde immer dünner.

Ich recherchierte im Internet. Obwohl Dr. Hübner mich eindringlich davor gewarnt hatte. »Tun Sie das nicht. Es wimmelt darin von obskuren Ideen, halbgaren Infos und schrecklichen Schicksalen. Sie haben die Ratgeber der Krebsgesellschaft, ich stehe Ihnen bei Fragen jederzeit zur Verfügung. Das reicht vollkommen.« Ja, er hatte absolut recht, ich hätte es sein lassen sollen. Weil ich mich aber am wohlsten fühle, wenn ich Bescheid weiß und dafür Tausende von Informationen sammeln und sortieren kann, schlug ich seine Warnung in den Wind und suchte doch im Internet nach Hinweisen, wie man eine Gewichtszunahme bewerkstelligt. Ich landete in einem Forum. Dort las ich die Ernährungstipps von einem Betroffenen. Er empfahl Grießbrei, das hochkalorische Pulver und verschiedene andere Dinge, die wir selbst schon ausprobiert hatten. Der Mann klang ganz zuversichtlich und kam anscheinend mit der Situation einigermaßen zurecht. Ich scrollte weiter, auf der Suche nach Infos, die mir noch fehlten. Am Ende des Beitrags stieß ich auf eine Mitteilung der Ehefrau des Verfassers. Sie schrieb, ihr Mann sei, kurz nachdem er den Beitrag geschrieben hatte, gestorben.

Diese Zeile sprang mich regelrecht an. Der Mann war gestorben! Eben las ich noch, wie er sich mit der Situation arrangierte, und dann erfuhr ich, dass er es nicht geschafft hatte. Ich war schockiert. Die Welt brach für mich zusammen. Ich kannte den Mann ja gar nicht, aber trotzdem: Dieser Forumsbeitrag, das waren ja wir, das war Kai! Und das erste Mal in der ganzen Geschichte bekam ich Panik, richtig schreckliche Angst. Dass das Ende unausweichlich war. Dass auch ich eines Tages sagen würde: Er hat es nicht geschafft. Ich wusste ja schon, dass es so kommen würde, aber die grausame Nüchternheit, die in dieser Internet-Nachricht steckte, machte mich fertig. Ich weinte wie schon lange nicht mehr und wurde von einer abgrundtiefen Traurigkeit geschüttelt, von dem Gefühl des Unausweichlichen, der vollkommenen Ausweglosigkeit.

Nie wieder schaute ich auf Laienseiten im Internet und predigte auch gern meinen Freunden: Lest bloß nicht zu viel im Netz! Nie mehr in irgendwelche Foren. Nichts dergleichen. Nur noch Fachliteratur. Das wurde mein Steckenpferd. Mein Sicherheitsanker. Bescheid wissen ist das Wichtigste für mich. Gute Fakten, schlechte Fakten – darauf kommt es nicht an. Nur keine Unklarheit. Wissen verschafft mir die Grundlage dafür, mich sicher zu fühlen. Ich kaufte mir Anatomiebücher, um besser zu verstehen, wie der

Körper arbeitet, welche Funktionen die entnommenen Organe erfüllt hatten, wie man sich die verbliebenen Möglichkeiten vorzustellen hatte. Welche Schmerzmittel gibt es? Wie wirken sie, und für welche Arten von Schmerz ist welches Mittel am besten geeignet? Ich schrieb ganze Passagen ab, legte mir ein Verzeichnis für das medizinische Vokabular an, kopierte, unterstrich die Kernsätze – und verglich die Angaben mit dem, was in den Kopien unserer Arztberichte stand, die ich in meinen Ordnern verwahrte. Dort wurde nicht explizit eine Prognose formuliert. Aber anhand der Klassifikation von Kais Tumor konnte ich ablesen, wie es um ihn stand: Seine Klassifikation war die schlechteste, die Lebenserwartung betrug weniger als fünf Jahre.

Die bevorstehende Chemotherapie sollte Kai Zeit verschaffen, doch dafür musste er deutlich fitter werden. Wir kämpften um jeden Bissen, quasi um jede Kalorie, trotzdem nahm er ab. Sein Gewicht sank von ehemals über achtzig Kilo auf sechzig. Ich war verzweifelt, weil er sich in meinen Augen absolut unvernünftig verhielt. Sobald ich nicht aufpasste, stellte er seine Bemühungen, etwas zu essen, vollkommen ein. Wir stritten uns um alles und jedes, lagen uns dauernd in den Haaren. Ich ging ihm mit meinem vierundzwanzig Stunden laufenden Programm »Bitte vernünftig sein und essen« wahnsinnig auf die Nerven. Mir ging der Maßstab verloren: Was geht noch? Was kann man verlangen, was ist sowieso egal? Wieso verhält er sich nicht so, wie es die Bücher nahelegen? Ich stand einerseits pausenlos unter Strom, andererseits war ich vollkommen erschöpft. Schließlich ging ich weiterhin fünf Tage in der Woche arbeiten, das wollte ich auf keinen Fall aufgeben.

Nur zu Hause zu sein und mich mit dem kranken Kai zu beschäftigen wäre die Hölle gewesen, für ihn und für mich. Und um Nils musste ich mich ja auch noch kümmern.

Nils war sehr wichtig für Kai, selbst an seinen schlechtesten Tagen. Wenn sein Zustand es zuließ, spielte er mit ihm, machte Faxen, las ihm etwas vor, brachte ihn in den Kindergarten oder holte ihn ab. Unser Sohn gab ihm das Ziel vor: »Anja, Nils' Einschulung ist Pflicht. Bis dahin schaffe ich es!« Noch anderthalb Jahre ...

Kais Gewicht sank stetig. So ging es nicht weiter. Dr. Hübner schlug vor, ihn zunächst auf die Palliativstation des Klinikums einzuweisen, damit er dort so weit zu Kräften käme, dass man mit der Chemotherapie beginnen könnte. Andernfalls wäre der Körper zu schwach für die Behandlung.

Es hörte sich vernünftig an, und viele andere Möglichkeiten gab es sowieso nicht. Aber als ich Kai diesen Plan präsentierte, war das für ihn eine einzige Katastrophe. Ich glaube, es war das erste und einzige Mal in unserer Beziehung, dass er mich regelrecht hasste. »So, du willst mich also loswerden. Mich auf die Sterbestation schicken. Wie kannst du mir das antun? Du und Dr. Hübner, ihr beide seid gegen mich. Wie könnt ihr es wagen, mich dahin abzuschieben?« Er raste vor Wut und war zutiefst gekränkt, noch heute läuft es mir eiskalt den Rücken hinunter, wenn ich daran denke, mit welch wildem Blick er mich durchbohrte. Kai war ins Mark getroffen, er glaubte wirklich, dass ich ihn loshaben wollte. Wir mussten ein paar Tage auf ein freies Bett warten, und ich redete mir in der Zeit den Mund fusselig, um ihn zu überzeugen. Aber noch als er schließlich das Zimmer auf der Station bezog, war er davon überzeugt, dass ihm übel mitgespielt wurde. »So, jetzt hast du's geschafft, jetzt bin ich hier. Auf der Sterbestation.«

Nicht nur Kai, die meisten Menschen haben falsche Vorstellungen von der Palliativstation, verwechseln sie mit Hospiz und glauben, das sei definitiv die Endstation, die man nur noch als Toter verlässt. Stimmt aber nicht. Natürlich wusste ich anfangs auch nicht genau, was auf einer Palliativstation gemacht und welcher Zweck verfolgt wird, aber ich erkundigte mich, und außerdem erlebte ich die Wohltaten einer solchen Einrichtung am eigenen Leib. Der Name leitet sich vom lateinischen »pallium« ab, das heißt »Mantel«, und bedeutet »umhüllend, ummantelnd«. Ein schöner Name. Es geht nämlich nicht mehr um Therapien, Versuche oder Ähnliches, sondern einzig und allein darum, die Symptome einer Erkrankung und die gegebenenfalls auftretenden Begleiterscheinungen der Medikation zu lindern. Der Kranke soll eingehüllt werden in einen Zustand, in dem er sich wohlfühlen kann. Kai war also mit seinem Ernährungsproblem nicht der klassische Kandidat, doch sollte er so weit aufgepäppelt werden, dass er in der Lage war, eine Chemotherapie zu überstehen.

Und ich? Nachdem ich Kai auf der Palliativstation abgeliefert hatte, machte ich es mir zu Hause so richtig gemütlich. Hört sich vielleicht brutal an, aber so war's. Nach diesen wenigen Monaten war ich fix und fertig, mit den körperlichen Kräften am Ende und mit den Nerven sowieso. Krebs ist eine Krankheit, die nicht nur den direkt Betroffenen schlägt, sondern das ganze Umfeld in Anspruch nimmt. Alle um den Kranken herum sind damit beschäftigt, schränken ihr Leben ein oder verändern es zumindest. Außerdem will so eine Krankheit verwaltet werden. Es ist kaum zu glauben, denn man denkt ja zunächst nur an die körperlichen oder medizinischen Aspekte, an die Schicksalswendung vielleicht, möglicherweise an die Zukunft. Aber in der Gegenwart ist man damit beschäftigt, eine schier endlose Korrespondenz mit Krankenkasse, Versicherungen, Rentenanstalt, Krankenhaus, Hausarzt, Onkologen und noch etlichen anderen zu führen. Immer wieder Anträge stellen, neue Kopien von Berichten anfertigen, Ansprüche formulieren, Zumutungen abwehren, Finanzielles regeln, Krankengeld verlängern, Unterlagen sortieren und abheften – Krebs ist eine in jeder Hinsicht und alle Beteiligten fordernde Krankheit. So genoss ich die kleine Auszeit, die die Palliativstation mir im Alltag verschaffte. Ich kochte für Nils und mich unsere Lieblingsgerichte, ohne auf Fettgehalt, Ballaststoffe, Zuckergehalt und strengen Zeitplan achten zu müssen, ohne Ersatzstoffe und irgendwelche Pulver. Wir lümmelten herum, aßen, worauf wir Lust hatten, und ließen es uns gut gehen. Es war fabelhaft.

Schon am zweiten Tag auf der Palliativstation taute Kai auf und begann, die Vorzüge dieser Einrichtung zu erkennen. Er konnte loslassen, die Schwestern kümmerten sich um ihn, halfen ihm bei allem, was er brauchte. Er kam mit dem Essen zurecht und konnte die Ratschläge der Schwestern viel besser als meine befolgen. Außerdem erhielt er zusätzlich zu seinen Schmerzpflastern auch noch Fentanylspray zur raschen Schmerzlinderung in akuten Fällen. Fentanyl ist ein Opioid, und wenn es als Nasenspray über die Schleimhäute zugeführt wird, wirkt es extrem schnell. Das half ihm sehr, weil er sich immerhin ab und zu schmerzfrei bewegen konnte. Er bekam dieses Spray auch für Notfälle zu Hause. Später verursachte es massive Probleme, aber so weit waren wir zum Glück noch nicht.

Was Kai sicher auch gefiel: Er war quasi der Star der Station, der mit Abstand jüngste Patient. Und gut aussehend noch dazu. Das sicherte ihm besondere Aufmerksamkeit und viele Sympathien. Und wenn Kai der Star war, dann war Nils der Liebling der Station. Alle Herzen flogen ihm zu, weil er so fröhlich war und viele lustige Sachen mit seinem Papa veranstaltete. Die Schwestern versteckten sogar ein Osternest für ihn auf der Station, und alle freuten sich an seinem Jubel, als er die Schokoladeneier fand. Das war schon bemerkenswert, denn auch wenn die Palliativstation nicht ausschließlich der Ort ist, an den man zum Sterben hingeht: Die Patienten sind alle schwer krank, und für keinen besteht die Hoffnung, dass er noch sehr lange leben wird. Entsprechend sind weder die Patienten noch die Besucher in der Regel besonders heiter gestimmt, doch viele ließen sich trotzdem gern auf einen kleinen Scherz mit Nils ein.

Auch wenn es manchem seltsam vorkommen mag, aber für mich wurde die »Palli«, wie wir sie bald nannten, geradezu ein Lieblingsort. Denn das Schöne an dieser Einrichtung ist, dass die Angehörigen einbezogen werden. Über Ostern ging ich in Urlaub, ich machte Urlaub auf der Palli. Nils war bei meinen Eltern, und ich zog für ein paar Tage auf der Palli ein. Es war herrlich, wie im Hotel, auch wenn das Bett, in dem ich schlief, ein Krankenbett war. Aber die Schwestern kümmerten sich rührend um mich, fragten mich, was ich essen wollte, und tätschelten mir ab und zu die Wange.

Das Wetter war traumhaft, eben richtiges Urlaubswetter. Kai und ich saßen viel auf dem Balkon, schauten in die Bäume, tranken Cappuccino, redeten ein bisschen oder hielten einander nur an den Händen. Sogar ein paar kleine Spaziergänge im Krankenhauspark unternahmen wir. Die Ärzte rieten dringend dazu, damit Kai wieder ein Gefühl für seinen Körper bekam. Solche Ausflüge dauerten wenige Minuten und funktionierten überhaupt nur, wenn er Fentanyl sprühte und für einige Zeit schmerzfrei war. Abends schauten wir vom Bett aus Spielfilme im Fernsehen, wie im Kino. Wir küssten uns, schmusten miteinander, spürten einfach nur, dass der andere da war. In diesen Tagen auf der Palli kamen wir wieder zueinander. Er war nicht nur der Kranke und ich nicht nur die sorgenvoll kontrollierende Aufsichtsperson, sondern wir waren Kai und Anja, Mann und Frau. Es war wunderschön, eine innige, heitere Zeit.

Kai nahm tatsächlich ein paar Kilo zu, kam wieder nach Hause, und schließlich entschied Dr. Hübner, dass man es wagen und die Chemo beginnen könne. Sieben Tage Dauerchemo waren angesetzt. Der erste Tag funktionierte halbwegs, am zweiten hieß es: »Ich weiß nicht, ich muss mich dauernd übergeben.« Am dritten Tag: »Ich kann nichts mehr essen, es bleibt nichts drin.« Er bekam ein Medikament, das gut gegen Übelkeit sein sollte. In Wahrheit war es aber Lorazepam, ein Mittel, das bei Angststörungen eingesetzt wird. Das half ein bisschen. Aber dann war wieder Schluss. Kai war nur noch ein Schatten seiner selbst und verlangte von sich aus danach, wieder auf die Palli zu kommen. Zum Glück war ein Bett frei, und er konnte sofort wieder einziehen.

Zwei, drei Tage lief es ganz gut. Dann aber klingelte die diensthabende Schwester kurz vor Mittag bei mir im Büro an. »Frau Lauckner, wir machen uns große Sorgen. Ihr Mann lässt niemanden mehr an sich ran, er hat alle Infusionen abgemacht. Er sagt, dass er nicht mehr will.« Mir rutschte das Herz in die Hose. Ich raste zur Palliativstation. Kai hatte alle aus seinem Zimmer geschickt, niemand vom Personal durfte zu ihm. Die Vorhänge waren geschlossen, er saß im Halbdunkel in seinem Zimmer, in labberiger Schlafanzughose, Haare nicht gekämmt, ganz in sich zusammengesunken, mit verwirrtem Blick. Kai war normalerweise immer sehr darauf bedacht, gepflegt auszusehen. Egal was war: Die Haare mussten gut frisiert, die Wäsche frisch und die Kleidung ordentlich sein. Sogar auf der Palli benutzte er Parfüm. Da gab es kein Vertun. Und jetzt dieser Anblick.

»Kai, was ist los?« Ich hätte ihn eigentlich gar nicht zu fragen brauchen, ich sah ihm an, was los war. »Ich hab keinen Bock mehr. Ich will diese Scheiße nicht mehr. Ihr sollt mich alle in Frieden lassen, auch du! Ich hör auf.« Er hatte sich aufgegeben, seinen roten Faden verloren. Das war der traurigste Moment, den wir je miteinander erlebten, beinahe der schlimmste Augenblick in der ganzen Geschichte seiner Krankheit. Ihn so verzweifelt zu sehen schmerzte mich, schnitt mir geradezu ins Herz. Ich wollte mich zusammenreißen, aber es ging nicht. Ohne dass ich etwas dagegen unternehmen konnte, fing ich an zu weinen. Es war das erste Mal während der Krankheit, dass ich vor Kai so hemmungslos weinte. Ich konnte mich nicht beruhigen, die Tränen liefen mir ohne Unterlass übers Gesicht. Offenbar erreichten ihn genau diese Tränen, sie drangen in seinen verwirrten Kopf, und ganz langsam kam er aus seiner inneren Dunkelheit zurück. »Kai, ich versteh das ja alles, dass du keine Lust mehr hast und dir alles zu viel ist. Und wie du darunter leidest, dass du so schwach bist. Aber wenn du jetzt aufgibst, dann geht genau jetzt alles zu Ende, dann stirbst du bald. Und du hast es doch selbst gesagt: Nils' Einschulung schaffst du noch. Bitte, Kai, du musst noch ein bisschen durchhalten.«

Ich weinte und bettelte und merkte irgendwann, dass er nachgab, dass er sich mir zuwandte und sich fürs Weiterleben entschied. Ich konnte ihn sogar dazu überreden, dass er eine Computeraufnahme von seinem Kopf zuließ. Die Ärzte fürchteten, dass er Metastasen im Gehirn haben könnte, anders konnten sie sich diesen plötzlichen Absturz nicht erklären. Das war es aber nicht. Kai litt an einer Exsikkose, das heißt einer Austrocknung des Körpers durch massiven Flüssigkeitsmangel. Abgesehen von allem anderen ruft sie auch Halluzinationen und Verwirrtheit hervor. Kai bekam Infusionen und war bald wieder einigermaßen in Ordnung. Aber der Schrecken saß tief, bei uns beiden.

Dr. Hübner, der Chefarzt der Onkologie und der Leiter der Palliativstation Dr. Schulze verabredeten, dass Kai in Zukunft die ersten Tage eines Chemoblocks im Krankenhaus verbringen sollte, bis sein Zustand stabil genug wäre, um die Therapie zu Hause fortzusetzen. Falls er wieder so abbaute, käme er notfalls noch mal ein paar Tage auf die Palliativstation, schließlich lagen noch drei Monate Chemo vor ihm. Ein guter Plan, der auch funktionierte.

Wann immer Kai im Krankenhaus oder auf der Palli war,

besuchte ich ihn, in jeder Mittagspause. Wir aßen gemeinsam zu Mittag, tranken hinterher noch einen Cappuccino, machten eine Runde durch die Station, sagten »Hallo« auf der chirurgischen Etage, lagen gemeinsam auf seinem Bett oder gingen, wenn Nils dabei war, auf den Spielplatz im Park des Krankenhauses. Es war todtraurig, aber es war vor allem schön. Wir hielten zusammen und waren uns nahe.

Kai war stolz auf mich. Ihm gefiel, dass ich bei Ärzten und Pflegern so beliebt war, dass ich mit allen gut zurechtkam. Außerdem fand er es großartig, dass ich immer bestens informiert war und die richtigen Fragen stellen konnte, wenn etwas entschieden werden musste. Einmal sagte er zu mir: »Weißt du eigentlich, dass dich jeder hier mag? Wegen deiner Art? Das finde ich toll, dafür liebe ich dich. Und für deine Kraft, mir immer wieder den Arsch zu retten.« Ja, so war's. Wir tauschten die Rollen. Er wurde schwächer, kraftloser. Man sieht es ganz deutlich auf dem Foto für seinen Rentenausweis, das wir in dieser Zeit machten. Kai lächelt, aber man erkennt schon eine Aura um seine Augen, die ihn von uns trennt, die auf etwas anderes hinweist. Ich dagegen wuchs über mich selbst hinaus, ich übernahm jetzt die Führung.

Die Psychologin kommt mir auf einem meiner Gänge über die Palli entgegen. »Frau Lauckner, das wollte ich Ihnen schon längst mal sagen: Sie strahlen immer so. Sie lächeln so nett, immer. Das finden wir alle großartig hier. Aber, was mir auffällt: Ich sehe, dass Ihr Gesicht lacht. Ihre Augen nicht.« Da fange ich an zu weinen, mitten auf dem Gang. Und lächele weiter.

09 Warten

Kürzlich habe ich geträumt, dass ich nach Hause komme. Im Traum bewohnen wir komischerweise eine Kellerwohnung, nicht unser kleines Einfamilienhaus. Alles ist voller Wäsche, Kai hat quer durch die Wohnung Leinen gespannt, an die er Laken, Tücher, Unterwäsche und andere Kleidung hängt.

Es sind viele fremde Menschen da, ich kenne keinen von ihnen. Aber Kai hat sie offenbar zum Essen eingeladen. Er will immer alles schnell und zugleich machen, Essen kochen, Leute bewirten, Wäsche waschen. Die Leute sitzen am Tisch, bereit, mit dem Essen anzufangen. Aber es gibt nichts. Sie sitzen vor den leeren Tellern.

Ich schaue zu Kai. Sofort erkenne ich an seinem bleichen Gesicht und seinem angespannten Ausdruck: Oh, gleich ist es so weit. Gleich geht es los mit dem Sterben. Ich sehe ihn ganz genau vor mir, ich kann ihn riechen und fühlen. Ich fasse ihn an, und er ist ganz warm.

Wir setzen uns auf eine Bank. Kai schmiegt sich mit dem Oberkörper in meinen Schoß. Ich lege die Hände auf seinen Kopf, vorsichtig. So sitzen wir und warten.

10 Sommer 2010

Vorher dachte ich, dass bei so einer Krankheit das Sterben am schlimmsten ist. Das stimmte aber nicht, jedenfalls nicht bei uns. Die große Krise kam viel früher, und ich war nicht im Mindesten darauf vorbereitet, ich wusste nicht einmal, dass es so etwas überhaupt gab.

Kai blühte im Sommer regelrecht auf. Er nahm ein bisschen zu, die Haare waren wieder gewachsen und weich wie ein Babyflaum. Wenn wir Besuch hatten, animierte ich die Gäste immer, ihm doch einmal durchs Haar zu fahren, weil das so ein schönes Gefühl war. Kai zuckte schon automatisch zurück, wenn ich jemand anderem gegenüber nur das Wort »Haare« in den Mund nahm. Er entwickelte ein bisschen Appetit, lustigerweise auf Sachen, die er früher nicht mit dem Hintern angeschaut hätte, auf Feldsalat mit süß-saurer Soße oder Möhrenrohkost zum Beispiel, und auf kleine Fruchtjoghurts, die er fingerdick mit Zucker bestreute. Gut so, weil er jede Menge Kalorien brauchte.

»Anja, mein Schatz, ich baue einen Carport für uns. Muss einfach sein. Als Erstes werde ich den Hof pflastern.« Ich dachte, das darf doch nicht wahr sein. Mein Mann hat Krebs, ein paar Monate zuvor eine Wahnsinnsoperation über sich ergehen lassen, und jetzt will er pflastern. Ich redete mit Engelszungen auf ihn ein und bat ihn, das bleiben zu lassen oder zumindest zu verschieben, aber keine Chance. Eines Tages kam ich vom Büro nach Hause, und der Bagger stand vor der Tür. Ich explodierte vor Ärger, weil ich die Idee vollkommen bescheuert und auch gefährlich fand. Für schwere Arbeit war Kais Körper einfach nicht geeignet, zumindest im Moment nicht. Außerdem verbrauchte er viel zu viele Kalorien dabei. Die bekam er auch mit noch so viel Zucker auf den Joghurts nicht zusammen.

Es war nichts zu machen, Kai warf sich in die Arbeit, als ob es nichts anderes mehr gäbe. Er schaufelte die Erde beiseite, schob mit dem Bagger die Steine hin und her, ebnete den Boden, schwang die Spitzhacke und konnte sein Werk gar nicht schnell genug entstehen sehen. Kai war bester Stimmung und Nils ebenso. Er durfte nämlich ab und zu auf dem Bagger sitzen und ihn sogar steuern, das war das Größte für ihn. Ich hingegen machte mir dauernd Sorgen, dass Kai sich übernahm und Gewicht verlieren könnte. Da ich ja den ganzen Tag im Büro war, konnte ich nicht immer aufpassen, dass er genug aß.

An den Wochenenden, ohne Arbeit, ging es ihm seltsamerweise meistens nicht so gut. Er war müde, schlecht gelaunt, hatte Schmerzen in den Beinen oder anderswo, vertrug die Sommerhitze nicht, wirkte deprimiert. Ausflüge an den Fichtelsee oder zu Freunden mussten Nils und ich immer allein machen, Kai blieb lieber zu Hause. Wochentags schwand das Formtief dann urplötzlich, und Kai werkelte an seiner Baustelle weiter. Ich wurde langsam ärgerlich, weil wir an den Wochenenden nichts Gemeinsames mehr unternahmen und offenbar all seine Energien in den Bau des Garagenhofs flossen.

Vielleicht würde es besser werden, wenn wir drei erst mal alle in der Reha beziehungsweise Kur wären. Das hatten uns der Sozialdienst im Klinikum und die Psychoonkologin der Bayerischen Krebsgesellschaft empfohlen. Kai hatte ja wegen der Chemotherapie nach der OP erst einmal keine Reha beginnen können. Und auch die Angehörigen von Krebserkrankten brauchen Unterstützung, weniger körperliche als psychologische. Da wir ein kleines Kind hatten, das wir nicht allein lassen konnten, kam nur das Rehazentrum in Bad Bocklet nördlich von Würzburg infrage. Der Antrag war ohne Probleme genehmigt worden, im September sollten Plätze für uns frei werden.

Doch erst mal fuhren wir Ende Juli nach Hause ins Vogtland, Kais Mutter hatte Geburtstag. Wie immer an solchen Wochenenden wohnten wir bei meinen Eltern. An diesem Samstag stehe ich bei uns im Tiefgeschoss und blättere durch einen alten Kalender, bleibe an diesem oder jenem Eintrag hängen. Es ist ganz still im Haus, die anderen sind im Garten. Ich höre, wie jemand die Treppe herunterkommt, sehen kann ich ihn wegen der Zwischenmauer nicht. Dieser Jemand bleibt auf halber Treppe stehen. Es gibt ein kleines Knacken, und dann dringt durch die Stille ein besonderes Geräusch zu mir, ein leises »Pffft«. Und noch mal »Pffft«. Die Person geht weiter die letzten Stufen hinunter und biegt um die Ecke. Es ist Kai, der total erschrickt, als er mich sieht. »Kai, was hast du da gemacht? Hast du etwa das Fentanylspray genommen?« Er geht sofort zum Gegenangriff über: »Wie kannst du mir so was unterstellen? Du weißt doch, dass ich es nur im äußersten Notfall verwende. Ich hab nicht gesprüht.« – »Hast du doch! Ich hab's genau gehört.«

Im Nu sind wir mitten im dicksten Streit. »Du hast überhaupt kein Vertrauen zu mir. Ich bin echt enttäuscht. Das regt mich mächtig auf, dass du mich so als Lügner hinstellst! Was bildest du dir überhaupt ein?« Dreht sich auf dem Absatz um und lässt mich stehen.

Der Umriss der Fentanylflasche war in seiner Hosentasche deutlich zu erkennen.

Ich war außer mir. Er sprühte Fentanyl, ohne Notfall! Der reine Irrsinn! Schließlich war das ja nicht irgendein Nasenspray, sondern ein hochdosiertes Opioid, achtmal so stark wie die Schmerzpflaster, die er im Frühjahr noch verwendet hatte. Fentanyl, zumal als Spray, ist ein Knaller, im positiven wie im negativen Sinn. Das Spray wirkt quasi sofort, weil es über die Schleimhäute schnell absorbiert wird. Das heißt, die Erleichterung, die es bei Schmerzen verschafft, tritt innerhalb von Sekunden ein. Die Gefahr von Nebenwirkungen und vor allem von Gewöhnungseffekten ist jedoch sehr groß. Deshalb war klar: nur in Notfällen einsetzen, auf keinen Fall regelmäßig. Und jetzt das. Kommt die Treppe runter und sprüht sich kurz was zwischendrin, ohne irgendeine Notwendigkeit.

Ich schleppte ihn nachmittags auf einen Spaziergang, auf dem wir alles noch mal beredeten. In grellen Farben malte ich die Probleme aus, die auftreten können, wenn das Spray zu oft benutzt wird. Und dass er auch ohne Spray nicht unbedingt Schmerzen leiden müsse, sie jedenfalls nicht auf diese Art mit dem Spray betäuben dürfe. Sondern dass wir mit den langsam und kontinuierlich wirkenden Schmerzpflastern oder anderen Mitteln nach Rücksprache mit Dr. Hübner alles in den Griff bekommen würden. »Ist klar, Anja, machen wir so, kein Problem. Alles o.k.«

Es schien zunächst tatsächlich so, als wäre alles in Ordnung. Allerdings gab es jetzt auch während der Woche Tage, an denen Kai unleidlich und aufbrausend war, manchmal nicht aus dem Bett kam und sich hängen ließ. Oft war er müde und schlief mitten im Gespräch, während man ihm direkt gegenübersaß, einfach ein. Ich war ratlos. Vielleicht war es die Fatigue, das schwere Erschöpfungssyndrom, das bei Krebskranken nach Operationen und Chemo auftritt. Oder eine Depression. Oder sonst was.

Am 3. August, einen Tag vor Nils' fünftem Geburtstag, kam ich unerwartet früher nach Hause als sonst. Ich ging ins Wohnzimmer, er saß mit dem Rücken zu mir im Sessel – und ich hörte es, dieses widerliche, hassenswerte Geräusch, viermal. »Pffft, pffft, pffft, pffft.« »Kai, was in aller Welt machst du da?« In flagranti hatte ich ihn ertappt, wie er sich die vierfache Dosis genehmigte. Er konnte nichts mehr abstreiten, das erkannte er selbst sofort.

Das durfte doch nicht wahr sein! Ich brach innerlich zusammen. War Kai denn komplett durchgedreht? Was er da machte, war hochgefährlich. Er benutzte das Opioid wie Aspirin. Ich zeterte und schrie, Kai brüllte zurück. »Du hast ja keine Ahnung, wie's mir geht! Du bist doch gesund, du kannst dir doch gar nicht vorstellen, was für Schmerzen ich hab. Und wenn ich hundertmal am Tag sprühe, kann's dir egal sein. Ich mach das so, wie ich will. Und wenn's dir nicht passt, kannst du ja abhauen. Ich komme auch allein klar.« Dann versuchte er es auf die nette Tour, schmeichelte mir, versprach das Blaue vom Himmel. Weinte ein bisschen. Versuchte, mich zu küssen, und schwor mir seine ewige Liebe. Aber bei mir war der Faden gerissen.

Es war, wie ich schon vermutet hatte, ohne es mir einzugestehen: Kai war süchtig. Er war abhängig von dem Fentanyl wie ein Junkie vom Heroin. Wenn der Kick ausblieb, geriet er aus der Bahn. Wurde aggressiv und unberechenbar. Wie Schuppen fiel es mir jetzt von den Augen, dass er eigentlich schon seit Mai so seltsam drauf war. Bei der Feier zu meinem dreißigsten Geburtstag saßen wir im Garten in kleiner Runde zusammen. Kai wirkte total erschöpft. Nach einer Weile ging er rein, um sich hinzulegen, wie ich dachte. Aber nein, ein paar Minuten später kam er zurück – und war wie ausgewechselt. Lachte, machte Witzchen und wirkte wie das blühende Leben. Ich war überrascht, dachte aber nicht länger darüber nach. Jetzt wusste ich: Er hatte sich offenbar heimlich einen Push aus seiner Sprühflasche genehmigt. Und auf diese Weise hatte er auch die Pflasterarbeiten für unseren Hof bewältigt. Mit reichlich Fentanylspray, damit er so richtig reinhauen konnte. Anders hätte er das gar nicht ausgehalten. Die Schmerzen und sämtliche Warnsignale seines Körpers – einfach weggesprüht. Und die Quittung dafür war seine Abhängigkeit mit allen Begleiterscheinungen. Er war dabei, sich und uns mit seinem wahnsinnigen Verhalten zu zerstören.

Es war grausam, ich wusste nicht mehr ein noch aus. Heulend zog ich mir die Joggingsachen an und rannte querfeldein, halb blind vor Tränen. Fliehend vor diesem Leben und all seinen Schwierigkeiten, weg von diesem Mann und seiner Krankheit. Ich beschimpfte und verfluchte ihn, war kreuzunglücklich und haderte mit dem Schicksal – das einzige Mal in dieser ganzen Geschichte: Warum passierte ausgerechnet uns dieser riesengroße Mist?

Wie zu erwarten gab es keine Antwort darauf. Und natürlich kehrte ich zurück in dieses Leben, schon eine Stunde später. Kai hatte Nils ins Bett gebracht und empfing mich mit zerknirschter Miene. Er entschuldigte sich und schwor, das Spray nicht mehr zu benutzen. Ich nahm das zur Kenntnis, blieb aber skeptisch. Sehr zu Recht, wie sich schon bald herausstellte.

Ein paar Tage später saß ich bei der Vertretung unseres Hausarztes, der im Urlaub war. Mir schwirrte seit dem Vorfall der Kopf. Ich musste mit jemandem über die Sache sprechen, musste wissen, wie man diese Abhängigkeit einschätzen sollte und was zu tun wäre. Gleich bei der Begrüßung wurde deutlich, wie dringend eine Aufklärung nottat. »Guten Tag, Frau Lauckner. Heute ist anscheinend Familientag, Ihr Mann war ja auch schon da. Worum geht's, was kann ich für Sie tun?« Mir blieb die Luft weg. Kai hatte sich Fentanylspray verschreiben lassen. Obwohl unser Hausarzt ihn vor seiner Abreise mit einem Rezept für zwei Flaschen versorgt hatte. Das hätte für zwei Monate reichen sollen. Aber nicht, wenn man so drauf war wie mittlerweile Kai. Die beiden Flaschen waren nach gerade fünf Tagen leer. Dann hatte sich Kai von dem sehr verständnisvollen Vertretungsarzt ein neues Rezept ausstellen lassen, das war am Freitag, und jetzt, am Montag, war er schon wieder da gewesen. Eine Flasche reichte offenbar nur noch für einen, maximal zwei Tage. Der absolute Wahnsinn! Das war Drogenabhängigkeit in Reinform.

Der Arzt war selbst ein bisschen schockiert. Ihm war, bis ich es ihm erzählte, nicht richtig klar, wie viel Fentanyl Kai täglich sprühte. Wenn ein Krebskranker nach einer schweren Operation und mit massiven Schwierigkeiten beim Essen in die Praxis kommt und um Schmerzlinderung bettelt, kann sich auch ein Profi dem nur schwer entziehen. Ein Arzt will ja helfen, und Hilfe bedeutete in diesem Fall, etwas gegen die Schmerzen zu verschreiben. Dass Kai sich höchst unvernünftig verhielt und seine Pein vor allem aus der körperlichen Extremanstrengung und der akuten Sucht entstand, konnte der Arzt nicht wissen. Er hatte einfach nicht den Überblick, weil er ja nur als Vertretung mit dem Fall beschäftigt war. Nun wurde er aber ganz deutlich: »Frau Lauckner, wenn das so ist, wie Sie es mir schildern, dann muss Ihr Mann in den Entzug. Am besten in einer Klinik, allein ist so etwas quasi nicht zu schaffen.«

Ich erstarrte. Normalerweise fällt mir immer etwas ein. Dieses Mal nicht. Ich sah keinen Ausweg mehr. Wo waren wir gelandet? An der Endstation von Junkies und Alkoholikern. Ich war wütend und gleichzeitig angeekelt. Die Verzweiflung kroch in meinen Körper, schmerzte mich regelrecht. Mein Magen brannte, es dröhnte in meinem Kopf, ein ohrenbetäubender innerer Lärm erfüllte mich. Entzug in einer Drogenklinik – das würde Kai niemals mitmachen. Außerdem, wer weiß, was da passieren würde, auf Krebskranke waren die mit Sicherheit nicht eingestellt.

Irgendwann wurde mir in diesem Tohuwabohu klar, dass die einzige Lösung darin bestand, nicht aufzugeben. Wir mussten da raus, raus aus dieser irrwitzigen Situation, aus dieser Sackgasse von Krankheit und Abhängigkeit.

Das waren wir Nils schuldig. Nils sollte keinen Papa haben, der süchtig war. Und ich wollte keinen Mann, der sofort aggressiv wurde, wenn der Fentanylnachschub ausblieb. Wir mussten es versuchen. Das heißt: *Ich* musste versuchen, den Weg hinaus zu finden.

Normalerweise spreche ich mit meiner Mutter über alles, was mich bedrückt. Und mit meiner Schwester. Dieses Mal nicht. Ich weiß nicht, warum. Wahrscheinlich schämte ich mich, stellvertretend für Kai. Ich wollte nicht, dass sie mitbekamen, in welche Lage er sich manövriert hatte. Es war mir unerträglich, dass sie schlecht von ihm denken könnten.

Mit Kai redete ich ebenso wenig darüber, aber aus anderen Gründen. Mir war klar, dass er nicht ganz zurechnungsfähig war. Außerdem hatten seine Versprechungen sowieso keinen Wert, solange er an das Zeug noch herankam. Meine erste Aufgabe bestand also darin, dass ich seine Quellen austrocknete. Ich meldete mich bei sämtlichen Ärzten: »Bitte, wenn mein Mann kommt, geben Sie ihm kein Rezept mehr für Fentanylspray.« Sicherheitshalber telefonierte ich auch mit der Palliativstation. Und siehe da, Kai hatte es auch dort bereits versucht. Dabei durften sie ihm sowieso nichts verschreiben, da er nicht Patient auf der Station war. Als ich anrief, war meine Lieblingskrankenschwester im Dienst. Ich erzählte ihr von Kais scheußlichen Auftritten, von meiner Angst, und heulte dabei Rotz und Wasser. Sie hörte mir zu und tröstete mich. Aber auch sie machte mir kaum Hoffnung: »Frau Lauckner, allein entziehen ist wahnsinnig schwer. Es wäre besser, er ginge in eine Klinik.« Kam nicht infrage, da war ich mir sicher.

Noch heute wundere ich mich, wie leicht es für Kai gewesen sein muss, das System zu überlisten. Normalerweise denkt man ja, dass inzwischen alles irgendwo gespeichert wird und es relativ schnell auffällt, wenn jemand quasi literweise Opioide verbraucht. Aber es scheint für Kai nicht schwer gewesen zu sein, alle Hindernisse zu umrunden und dem einen Arzt die eine Geschichte zu erzählen, dem nächsten eine andere. Er hatte sie alle ausgetrickst. Dabei lieferte nur eine Apotheke in Bayreuth das Spray aus. Als ich dort vorstellig wurde, erklärte man mir sehr freundlich, dass man mir nichts sagen dürfe. Aber man gab mir durch die Blume einen Tipp: Wenn ich gelegentlich anriefe und fragte, ob mein Mann schon da gewesen sei, könnten sie darauf selbstverständlich eine Antwort geben. Und sie händigten mir einen kleinen Notizzettel aus, ein Verzeichnis aller Tage, an denen Kai das Spray von ihnen bekommen hatte. Am Anfang reichte eine Flasche für einen Monat, am Schluss kaum noch einen Tag lang!

Unsere Ärzte waren in Urlaub, und ich erkundigte mich bei dem Hausarzt, der die Vertretung hatte, wie man überhaupt einen Entzug bewerkstelligen kann. Bei einer Opioidabhängigkeit ist der harte Entzug ausgeschlossen, das hält der Körper nicht durch. Man muss es ausschleichen, das heißt, die Dosis schrittweise reduzieren, so wie bei Cortison oder Antidepressiva. Schwierig, wenn nicht unmöglich für jemanden, der süchtig nach diesen kleinen Sprayflaschen und ihrer Wirkung ist. Die Lösung waren die Fentanylpflaster, die Kai bereits nach der OP benutzt hatte. Es gab sie in verschiedenen Dosierungen, sodass man den Wirkstoff nach und nach reduzieren konnte. Die Pflaster bauten ihre Wirkung langsam auf, das heißt, den süchtig machenden Kick gab es bei ihnen nicht – Vor- und Nachteil zugleich, wenn man so will. Der Vertretungsarzt würde sie ihm verschreiben.

Dann ging es »nur« noch darum, Kai zu überzeugen: »Kai, ich weiß Bescheid. Du hast alle Ärzte ausgetrickst. Du nimmst dieses Zeug wie ein Schnupfenspray. Du bist süchtig, du bist nicht mehr du selbst, merkst du das denn gar nicht?« Er protestierte, aber eigentlich nur halbherzig. Ich hatte den Eindruck, dass er sogar froh war, weil die Sache jetzt endlich ausgesprochen war, und setzte ihm die Pistole auf die Brust: »Pass auf, die Sache verhält sich so: Wenn du den Entzug nicht angehst, trenne ich mich von dir. Ich schmeiße alles hin, nehme Nils mit und verlasse dich, dann musst du selbst sehen, wie du zurechtkommst. Es gibt keine andere Möglichkeit. Ich meine es ernst, todernst. Wenn du es auch ernst meinst, helfe ich dir dabei. Mit allem, was ich geben kann.«

Kai wusste, dass es seine einzige Chance war. Er wollte uns nicht verlieren, wir waren das Wichtigste in seinem Leben. Deshalb willigte er ein. Es war unglaublich hart für ihn, für mich auch, aber für ihn sicher noch viel schlimmer. Der Arzt verschrieb Kai die Pflaster, und wir fingen mit der sehr hohen Dosis von hundert Mikrogramm an. Der Wirkstoff wird durch die Haut vom Körper aufgenommen, es dauert ungefähr zwölf Stunden, bis die maximale Wirkung erreicht ist. Es war eine regelrechte Tortur für Kai, diese Stunden zu überstehen, ohne das Spray zu Hilfe nehmen zu können. Das hatte ich nämlich in Verwahrung, für den äußersten Notfall. So hatten wir es abgemacht. Kai war wie von Dämonen getrieben. Er durchsuchte das ganze Haus nach diesem Fläschchen, ich merkte es, wenn meine Unterwäsche in den Schubladen in Unordnung geraten war. Aber er fand nichts, tagsüber hatte ich das Spray bei mir im Büro, nachts versteckte ich es so, dass ich es manchmal selbst kaum wiederfand. Dieser Entzug war für uns ein Ritt auf der Rasierklinge!

Alle drei Tage wurde das Pflaster gewechselt, weil der Wirkstoff dann verbraucht war. Nach und nach reduzierten wir beim Wechsel die Dosis immer weiter. Kai litt Qualen. Es war die Hölle, für ihn wie für mich. Aber ich war auch stolz auf ihn, dass er durchhielt, da schimmerte der alte Kai für mich durch. Für Nils und mich nahm er alles auf sich. Als er das letzte Pflaster verwendet hatte, dachte ich, dass wir es wohl bald geschafft haben würden. Doch ich wurde eines Besseren belehrt.

Kai bekam furchtbare Bauchkrämpfe. Er krümmte sich vor Schmerzen und wusste nicht mehr, wohin mit seiner Pein. Ich befürchtete das Schlimmste, denn in unserem Landkreis hatte es eine Warnung vor verseuchtem Trinkwasser gegeben. Es waren Kolibakterien in den Leitungen entdeckt worden, und man sollte tunlichst alles Wasser abkochen, ehe man es trank oder für die Essenszubereitung verwendete. Kai, der Superheld, hatte sich nicht daran gehalten und munter direkt aus dem Hahn getrunken. Und jetzt das, Bauchkrämpfe. Keins der üblichen Hausmittel half, offenbar hatte er sich mit den Kolibakterien infiziert. Schließlich wussten wir uns nicht anders zu helfen, als mitten in der Nacht den Krankenwagen zu rufen. Nils beschwerte sich am nächsten Tag bitterlich, dass ihn keiner geweckt hatte: Papa mit Blaulicht ins Krankenhaus, da wäre er doch zu gern dabei gewesen!

Im Krankenhaus stellten sie nach einer Computertomografie des Bauchraums fest, dass Kai nur eine Verstopfung hatte. Bei jemandem, dem lediglich der Darm als Verdauungsorgan zur Verfügung steht, ist das zwar keine Kleinigkeit, aber immerhin keine Katastrophe. »Frau Lauckner, wir machen aber noch eine Aufnahme von der Lunge, da sieht irgendwas am Rand seltsam aus. Auf dem CT vom Bauchraum kann man das aber nicht richtig erkennen, da brauchen wir einen anderen Ausschnitt.«

Das Seltsame stellte sich als eingefallener rechter Lungenflügel heraus, Pneumothorax. Das heißt, dass Luft in die Brusthöhle geraten war und die Lunge beim Atmen behinderte. Außerdem sah man auf dem Bild, dass es zwei Flüssigkeitsansammlungen in der Lunge gab, die vereitert waren. Kai hatte nichts von all dem mitbekommen, er hatte sich mit seinem Fentanylkonsum vollkommen von den Schmerzen und damit auch von jeglichem Körperempfinden abgekoppelt.

Kai musste im Krankenhaus bleiben. Er wurde operiert, und fünf Tage lang hing eine Thoraxdrainage an ihm, bis die Flüssigkeit wieder klarer wurde. Mittendrin das nächste Problem noch obendrauf: Er bekam Fieber. Es stellte sich heraus, dass ein multiresistenter Keim in seinem Port saß. Das heißt, er konnte nicht benutzt werden, weder zur Ernährung noch zur Infusion mit Antibiotika. Als ob eine Schwierigkeit nicht schon gereicht hätte! Es war wie verhext! Und das, wo unsere Familien-Reha unmittelbar bevorstand, in der wir uns von den Strapazen der letzten

Monate erholen wollten. Aber: »Machen Sie sich keine Sorgen, Frau Lauckner, das schaffen wir schon. Wir kriegen Ihren Mann rechtzeitig fit.«

In Ordnung, immer schön zuversichtlich bleiben, das ist mein Spezialgebiet. Kai wurde entlassen, und die Aussichten waren gut. Am Wochenende, bevor wir in die Reha nach Bad Bocklet fahren wollten, bekam er Schnupfen. Nichts Schlimmes, keine Grippe. Nur Schnupfen mit heftig laufender Nase. Und die schmerzte ihn derartig, dass ihm die Tränen über die Wangen liefen. Dazu wahnsinnige Kopfschmerzen. Schließlich hielt er es nicht mehr aus, und wir fuhren zu dem Hals-Nasen-Ohren-Notarzt. Er untersuchte Kai und stellte wirklich nichts anderes als einen Schnupfen fest. Doch was ihn schockierte, war die Innenansicht von Kais Nase: rohes Fleisch, keine Schleimhäute mehr, weißlicher Belag. So etwas hatte er bis dahin nur ein einziges Mal gesehen – bei einem Rauschgiftsüchtigen! Er schlug vor, dass wir ins Krankenhaus gehen sollten, sicherheitshalber. Doch wir wollten unsere Abreise zwei Tage später nach Bad Bocklet nicht aufs Spiel setzen. Die dortige Klinik würde sich auch darum kümmern.

Am Abend vor der Abreise packte ich das Auto. Wir hatten ziemlich viel Zeug dabei, aber wir waren ja auch zu dritt, inklusive Kleinkind; außerdem würden wir lange Zeit weg sein, Kai mindestens drei Wochen und ich mit Nils voraussichtlich fünf. »Psycho-Sachen« dauern länger, hieß es. Körperlich fehlte mir ja nichts, aber die Ärzte hatten den Eindruck, dass ich seelische Unterstützung gebrauchen konnte. Den Eindruck hatte ich mittlerweile auch!

Kaum hatte ich alle Koffer verstaut, zerrte Kai die tonnenschweren Dinger wieder aus dem Auto. So ginge das nicht. Vollkommen bescheuert gepackt, typisch Frau. Er wuchtete ein Teil nach dem anderen wieder rein, schob sie hin und her und zog sie wieder raus, arrangierte alles von Neuem. Ich fand zwar, dass es am Ende sehr ähnlich aussah wie bei mir, aber bitte …

Und dann war kein Halten mehr, Kai musste sich übergeben, und zwar nicht zu knapp. Meine alte Panik flüsterte mir zu: Er hat einen Magen-Darm-Infekt, was sonst? Ausgerechnet jetzt, ein paar Stunden, bevor wir abfahren wollten. Kai hing über dem Waschbecken und krümmte sich vor Schmerzen. Ist gut, wir machen eine Ausnahme, das ist der Notfall, und genau dafür bewahre ich schließlich das Fentanylspray in meinem Versteck auf. Einmal sprühen ist kein Problem.

Nein, einmal sprühen wäre kein Problem gewesen, wenn es dabei geblieben wäre. Aber so ist es nicht. Denn einmal sprühen vermittelt ein Supergefühl – ohne Schmerzen sein, sich angstfrei bewegen. Und dieses Gefühl ist so schön, dass es unbedingt verlängert werden muss. Die Gier danach wächst ins Unermessliche – und nun begann die schrecklichste Nacht meines Lebens. Denn die Sucht kehrte zu Kai zurück oder er zu ihr, wie man's nimmt. Er bettelt, fleht und schreit, ich möge ihm das Spray geben. Er droht mir die schlimmsten Folgen an, wenn ich mich weigere, wälzt sich vor mir auf dem Boden, um mir seine Schmerzen zu demonstrieren, benutzt ordinäre, gemeine Schimpfwörter, von denen ich gar nicht wusste, dass sie zu seinem Vokabular gehören. Ich bekomme regelrecht Angst vor diesem Mann, der nichts mehr mit dem Kai zu tun hat, den ich geheiratet habe, nichts mit dem liebvollen Vater unseres Sohnes. Es ist das reine Grauen. Niemals hätte ich mir vorstellen können, dass es so etwas gibt, dass ich hier eine Szene erlebe, die ich nur aus Filmen über kaputte Drogensüchtige kenne.

Morgens um sieben Uhr weiß ich nicht mehr weiter und rufe den Notdienst an. Der ist jedoch nicht zuständig, weil bald die Praxen öffnen. Es gelingt mir, unseren Hausarzt Dr. Holtz zu erreichen. Er empfiehlt ein Mittel, das Kai gegen die Übelkeit helfen soll – und bloß kein Spray geben, das lähmt die Vorwärtsbewegung im Darm und verursacht noch mehr Probleme. Freunde fahren für mich zur Apotheke und nehmen anschließend auch gleich Nils mit zu sich nach Hause, damit er aus dem Schussfeld ist. Gott sei Dank! Ich telefoniere mit Bad Bocklet, wir können bis siebzehn Uhr anreisen, kein Problem. Dr. Holtz ruft zwischendurch an, um zu fragen, wie es läuft. »Schon gut, Frau Lauckner, sagen Sie nichts, ich hör ihn ja schon durchs Telefon toben. Geben Sie ihm das Spray, sonst passiert noch was. Er ist unberechenbar in diesem Zustand. Und kommen Sie unbedingt noch mal in die Praxis, bevor Sie losfahren.«

Ich tu's nicht, ich gebe Kai das Spray nicht, egal wie er tobt und schreit.

In der Praxis macht Dr. Holtz ein Ultraschallbild und ist schockiert: »Herr Lauckner, Sie haben einen Darmverschluss! Das Zwerchfell ist gerissen, und der Darm hat sich dort verknotet. Das muss sofort operiert werden! Ich verstehe nicht, wie Sie das nicht bemerken konnten. Und dass Sie überhaupt noch aufrecht laufen können!« Ja, woher das wohl kam? Natürlich von dem Fentanyl, das macht jedes Empfinden platt. Dr. Holtz hielt Kai eine flammende Rede und ermahnte ihn eindringlich, mit dem Sprühen aufzuhören, sonst würde alles den Bach runtergehen. »Ja, hab ich verstanden, Dr. Holtz. Ich nehm's nicht mehr. Versprochen.«

Kaum waren wir im Auto, um ins Krankenhaus zu fahren: »Gib mir das Spray, los!« – »Nein, mach ich nicht, du hast gehört, was Dr. Holtz gesagt hat.« – »Ich brauch's aber, dringend. Jetzt sofort.« – »Nein, du hast doch versprochen, dass du es nicht mehr nimmst.« – »Du gibst es mir jetzt auf der Stelle, ich hab wahnsinnige Schmerzen!« Und so die ganze Zeit, hin und her. Aber ich rückte das Spray nicht heraus.

Dann saßen wir in der Notaufnahme, wo alle Untersuchungen nochmals durchgeführt wurden, weil kein Mensch glauben konnte, dass es wirklich ein Darmverschluss war. Denn normalerweise kann man damit weder sitzen noch stehen noch laufen noch sonst was. Und in jeder Minute des Wartens, wenn gerade keiner in der Nähe war: »Gib mir das Spray. Wie kannst du mich so quälen? Ich hasse dich, ich brauch es, jetzt sofort. Ach, bleib doch, wo der Pfeffer wächst. Du kannst mich mal …« Immer so weiter, in einem fort.

Schließlich erreichte Kai sein Ziel: Ich gab auf, ich konnte nicht mehr. Meine ganze Kraft war verbraucht, kein Widerstand mehr möglich. Ich ging zum Auto, holte das Spray aus meinem Versteck, versprühte alles bis auf einen kleinen Rest und gab ihm die Flasche. Kai küsste mich, überhäufte mich mit Liebesbezeugungen, überschlug sich regelrecht vor Umarmungen und Zärtlichkeiten. Mich erreichte nichts davon. Ich war empfindungslos, kalt, ohne Regung. Ich war zu Stein geworden.

Am nächsten Tag ging ich auf die Station, um zu hören, wie er die Operation geschafft hatte. Sein Bett war leer! Kai war auf die Intensivstation gebracht worden, weil die Ärzte ihn nicht schmerzfrei bekamen. Sie hatten ihm bis zum Limit Schmerzmittel gegeben, aber selbst das hatte nicht gereicht. Kais Körper war über das Fentanyl an derart hohe Dosen gewöhnt, dass mit normalen Mitteln nichts mehr auszurichten war.

Ich beschwor jeden Arzt, Kai niemals mehr Fentanylspray an die Hand zu geben. Ich glaube, er war nicht nur süchtig nach dem Mittel, sondern auch nach dem Sprühstoß, nach dem Geräusch des »Pffft« und dem schnellen Kick, der darauf folgte. Kai war auf Entzug, hier in der Klinik. Und das musste so bleiben, noch einen Rückfall würde er nicht überstehen und unsere Ehe sowieso nicht.

Ich informierte Dr. Holtz und überhaupt jeden, der mit ihm in Verbindung kommen und ihm ein Rezept ausschreiben könnte: Geben Sie meinem Mann kein Fentanylspray mehr, er ist auf Entzug.

Es ist seine letzte Chance.

11 Marshmallow

Früher war ich ganz anders. Na ja, vielleicht nicht *ganz* anders, aber doch ziemlich. Innerlich und äußerlich. Als 2009 ganz am Anfang der Krankheit das Foto für die Krankenakte gemacht wurde, habe ich mich neben Kai gestellt, deshalb sind wir beide auf dem Bild drauf. Ich sehe ganz zart aus, mädchenhaft. Und die Optik passte vollkommen zu meinem Zustand. Ich war noch nicht »fertig«, hatte meine Form noch nicht gefunden. Im Grunde lebte ich mein Leben immer nach den Vorstellungen anderer. Ich versuchte, so zu sein, wie andere Menschen mich haben wollten. Oder wie ich glaubte, dass sie es wollten. Ich war ein richtiges Marshmallow, nachgiebig und weich. Allen wollte ich es recht machen, in erster Linie meiner Mutter. Nur nicht anecken. Wer ich selbst bin – das wusste ich gar nicht. Vielleicht ist deshalb auch mein Sicherheitsbedürfnis so stark ausgeprägt. Mein Wunsch, immer alles ganz genau zu wissen, damit ich mich auf die Situation einstellen und mich »richtig« verhalten kann.

Kai hatte den liebenden Blick. Das heißt, er hat gesehen, wer ich sein kann, wie sehr ich noch zu wachsen in der Lage bin. Anscheinend erkannte er das schon, als ich gerade vierzehn Jahre alt war und er sich in mich verliebte. Natürlich konnte kein Mensch ahnen, dass meine Bewährungsprobe durch seine Krankheit zustandekommen würde. Oder besser gesagt: dass ich meine Form dadurch finden würde. Mit einigen Ecken und Kanten, worauf ich sehr stolz bin.

Natürlich wollte ich das alles nicht so. Niemand »bewirbt« sich um einen Schicksalsschlag, selbst wenn er daran wächst. Und nimmt gar dafür in Kauf, dass jemand anderem ein Leid geschieht. Aber es ist halt so gekommen. Meinen Weg habe ich erst durch diese Erfahrung gefunden. Kai und ich sind diesen Weg zusammen gegangen, seit dem 26. September 2011 gehe ich ihn allein – auch wenn ich Kais Gegenwart immer spüre.

Es war unglaublich anstrengend, und das ist es immer noch. Ich bin sicher, es bleibt so. Aber: Es verändert sich permanent, und ich entwickle mich weiterhin, das merke ich ganz deutlich. Nicht alle meine Freunde finden das gut, und es gibt auch eine Menge Missverständnisse, das ist klar. Ich sage immer: »Man muss aus der Komfortzone rauskommen, sonst tut sich nichts.« Gesagt ist es leicht, getan schwer. Bis Kai krank wurde, lebte ich in einer solchen Komfortzone, ohne es recht zu merken. Es war alles ganz o.k., wohl temperiert, ohne wahnsinnige Höhen oder Tiefen, auch in unserer Beziehung. Ich mochte Kai sehr gern, aber mehr war es eigentlich nicht. Und wenn er nicht gestorben wäre – ich glaube nicht, dass wir gemeinsam alt geworden wären.

Deswegen bin ich, so wahnsinnig es auch klingen mag, dankbar, dass alles so gekommen ist. Das Entscheidende war meiner Ansicht nach, dass wir beide diese Katastrophe so genommen haben, wie sie war. Wir haben nicht »das Beste draus gemacht« – aus einer tödlichen Krankheit kann man nichts »Gutes« herstellen. Wir haben auch nicht resigniert, im Sinne von »kann man halt nichts machen«. Sondern wir haben sie zum Teil unseres Lebens erhoben – einfach akzeptiert, dass sie ein Teil unseres Lebens *ist.* Wir haben die Krankheit und das Sterben in unser Leben integriert. Das hat uns beiden nicht nur über die letzte Strecke geholfen, sondern unserem Leben eine ganz neue, man kann schon sagen, höhere Qualität gegeben. Trotz der Schmerzen, die Kai ertragen musste, und trotz all der Gefühle, die sein Verlust in mir auslöst, bis heute.

Nachdem Kai krank wurde, tauschten wir sukzessive die Rollen. Ich habe mich um alles Mögliche gekümmert, ich bin zur Macherin geworden. Ich informierte mich von vorn bis hinten über die Krankheit, ging den Ärzten mit meinen Nachfragen auf die Nerven und regelte alles, was formal und bürokratisch gemacht werden musste. Auch hier spielt wohl mein Sicherheitsbedürfnis eine Rolle, aber es ist nicht das allein. Ich habe Verantwortung übernommen, für unsere Familie, für ihn als Kranken. Und so viel ist sicher: Jeder, der so krank ist, braucht einen oder mehrere Angehörige, die für ihn sprechen, die hartnäckig immer und immer wieder Fragen stellen. Die nachbohren, wenn etwas nach Wischiwaschi klingt.

Wohlgemerkt: Wir haben keine schlechten Erfahrungen mit dem System Krankenhaus oder überhaupt dem medizinischen Betrieb gemacht. Aus einigen Begegnungen mit Ärzten und Schwestern sind sogar Freundschaften entstanden. Aber wir hatten auch Glück, davon bin ich überzeugt. Ich kann mir sehr gut vorstellen, dass man als Patient in einem Riesenklinikum schlechtere Chancen hat, auf sich aufmerksam zu machen und seine individuellen Bedürfnisse zur Geltung zu bringen. Das schafft man allein nicht, dafür braucht es Unterstützung. Und die habe ich Kai geben können. Auf allen Ebenen.

Es ging nicht ohne Blessuren ab. Manches klappte nicht, so wie ich es wollte. Und nicht einmal im Traum hätte ich mir vorher vorstellen können, dass ich Kai sogar aus seiner Fentanylabhängigkeit rausholte. Dass ich Widerstand leistete, ungeahnte Energien entwickelte, nicht klein beigab, ihm sogar drohte – ernsthaft. Und das von einer, die es möglichst allen recht machen will. So schrecklich es war, es hat mich weitergebracht. Es hat mich für das Leben ohne Kai trainiert, in dem tatsächlich alles darauf ankommt, dass ich das Richtige tue. Kluge Entscheidungen treffe und allein mit allem und allen klarkomme – mit Behörden, Banken, Handwerkern, Lehrern unseres Sohnes und so weiter, mit dem Leben eben.

Ich ecke auch mittlerweile mal an, und immer öfter gelingt es mir dann zu sagen: »Super, Anja! Klare Kante gezeigt, das hast du prima gemacht.«

Marshmallows sind halt ganz nett, aber nichts für jeden Tag.

12 September 2010

Er bekam es hin. Ich bekam es hin. Wir blieben eine Familie, trotz Fentanyl. Das haben wir der Reha in Bad Bocklet zu verdanken. Wäre die nicht gewesen, hätten wir es wahrscheinlich nicht geschafft.

Bevor Kai krank wurde, hatte ich erlebt, dass sich der Lebensgefährte von meiner Freundin trennte, die todkrank war. Damals war ich schockiert. Wie kann man so etwas machen? Es ist doch gefühlskalt und brutal, einen Menschen im Stich zu lassen, gerade wenn er einen am meisten braucht! Mittlerweile weiß ich, wie schwer eine solche Prüfung ist und wie viele Schwierigkeiten auftreten können. Es ist ja nicht »nur« der Krebs oder vielleicht der Schlaganfall, es ist auch alles andere: die Veränderung des Charakters, die Nebenwirkungen der Behandlung, die Verschiebung der Rollen und Aufgaben in der Beziehung, die für jeden Beteiligten schier unerträgliche Belastung und etliches mehr. Es ist gar nicht so selten, dass eine Ehe darüber zerbricht. Eher ist es bemerkenswert, wenn sie das alles übersteht. Kai und ich haben gerade noch die Kurve gekriegt.

Zehn Tag später als ursprünglich geplant fuhren wir nach Bad Bocklet, zunächst mal nur Nils und ich. Kai blieb noch ein paar Tage im Krankenhaus. Ich beschwor den zuständigen Arzt, dafür zu sorgen, dass Kai kein Fentanyl erhielte und am besten nicht mal in die Nähe von einem Fläschchen käme. Er versprach es mir hoch und heilig. Auch unseren Hausarzt instruierte ich noch mal – und dann fuhren Nils und ich endlich los, an einem verregneten Morgen Mitte September, das Auto hoch bepackt, nach *meiner* Art.

Für mich war Bad Bocklet keine Reha, sondern eine Kur, und zwar nicht nur im Sinne der Versicherung. Für mich war es die Rettung, für uns alle. Andere übernahmen die Verantwortung für uns. Dafür, dass Kai wieder auf die Beine kam. Dass er endlich das Essen richtig lernte. Dass er sich entspannen konnte. Dass er auch ohne die fürsorgliche Kontrolle seiner Frau das Richtige tat. Dass ich aufhören konnte, mich wie die Oberkrankenschwester zu fühlen, die alles im Griff behalten musste. Bad Bocklet führte dazu, dass wir uns wieder wie Menschen fühlten, nicht wie Patient und Drogenbeauftragte, sondern wie ein Ehepaar – sogar wie Verliebte.

Wir fingen quasi von vorn an, und zwar mit getrennten Zimmern. Als ich vor Beginn der Reha mit der Sachbearbeiterin von der Versicherung telefonierte, um mir die Details erläutern zu lassen, fand ich es unmöglich, dass wir nicht gemeinsam untergebracht werden sollten. Ich weinte sogar während des Gesprächs, aber die Unterbringung für die Krebspatienten und die »Psychos« war eben in verschiedenen Häusern vorgesehen. Was für ein Glück, wie sich herausstellen sollte! Nils und ich wohnten in einem Minipalast, so erschien es uns beiden jedenfalls. Nüchtern betrachtet war es der hotelähnliche Wohnbereich für die Patienten, die psychologisch betreut wurden. Dort bekamen wir zwei Zimmer, einen Wohn- und einen Schlafraum mit Verbindungstür. Das Tollste aber waren die beiden Bäder! Eins für Nils und eins für mich, jedes mit Badewanne. Der reine Luxus. Dabei hatten wir gar nicht so sehr viel Zeit, um stundenlang in der Badewanne zu liegen. Denn mich erwartete ein strammes Programm von Anwendungen, und Nils ging täglich in einen Kindergarten im Ort. Anfangs war er skeptisch, aber schon bald konnte er es morgens kaum erwarten, dorthin zu kommen. Es war eine wunderbare Einrichtung, in der zusammen gekocht, gegessen und gespielt wurde. Und ich war froh, dass er gut untergebracht war, während ich meine Kuraufgaben absolvierte.

Das erste Einzelgespräch mit der Psychotherapeutin lief prima – genau fünf Minuten lang. Dann war ich in Tränen aufgelöst, heulte Rotz und Wasser und ließ ungefiltert alles raus, was mich in den vergangenen Wochen und Monaten bedrückt hatte: die Sorge wegen der Krankheit, die Angst vor der Zukunft, Kais Weigerung, sich »vernünftig« zu verhalten, mein Horror wegen seiner Drogenabhängigkeit und meine Verzweiflung, weil ich spürte, dass meine Kraft aufgebraucht, erschöpft war. Mein Speicher war leer, restlos leer.

Die Therapeutin sagte erst mal nichts, sondern reichte mir ein Päckchen Taschentücher. Geduldig wartete sie darauf, dass mein Schluchzen langsam verebbte und ich überhaupt in der Lage war, ihre Worte aufzunehmen. »Frau Lauckner, machen Sie sich keine Vorwürfe. So eine Reaktion ist ganz natürlich, die kommt bei den meisten Menschen in Ihrer Situation früher oder später hoch. Sie sind kein Engel, sondern ein Mensch, der auch Bedürfnisse hat.

Und die sind halt in der letzten Zeit einfach zu kurz gekommen. Sie haben sich zu viel zugemutet, sicher mit den besten Absichten. Aber jetzt ist eben die Luft raus. Also, weinen Sie ruhig, das hilft.« Stimmt! Also weinte ich gleich noch mal eine kleine Runde, aber eher vor Erleichterung. Von da an ging es mir besser.

In den folgenden Sitzungen arbeiteten wir meine Seele von vorn bis hinten durch, vor allem meine Wünsche, und sortierten die unerfüllbaren weitgehend aus. Davon gab es einige. So machte mir etwa zu schaffen, dass nicht alle unsere Bekannten begriffen, wie es um Kai stand und was ich leistete. Ich fühlte mich von ihnen nicht richtig gewürdigt, oft sogar falsch verstanden. Sie sollten endlich anerkennen, was wir schafften, und sich lieber mit ihren manchmal kritischen Anmerkungen zurückhalten. »Frau Lauckner, Sie können die Menschen nicht ändern. Sie können ihnen ein- oder auch mehrmals sagen, was Sache ist. Aber glauben werden sie letztlich, was sie wollen. Also, machen Sie sich so weit es geht unabhängig davon, auf Beifall von dieser Seite zu schielen. Konzentrieren Sie sich auf die, die zählen: die echten Freunde, Ihre Familie und Ihr Mann. Ich bin sicher, dass er weiß, was Sie für ihn tun. Auch wenn es vielleicht nicht immer danach aussieht. Aber er muss an vielen Fronten kämpfen mit solch einer Krankheit. Machen Sie es sich beiden leichter.«

Natürlich wurde ich innerhalb weniger Therapiestunden kein anderer Mensch, das ist ja gar nicht möglich. Aber diese Gespräche trugen wesentlich dazu bei, dass ich meinen Blickwinkel ein wenig verändern konnte. Und dass es uns gelang, diese Zeit außerhalb unseres normalen Alltags als das zu nutzen, was sie war: ein Geschenk, das uns beide bereicherte, indem wir unsere Herzen wieder einander öffneten.

Kai wurde mit dem Taxi der Reha von der Bayreuther Klinik aus nach Bad Bocklet gebracht. Für seine Ankunft holten sie mich sogar aus meiner Stunde für musikalische Entspannung, obwohl Unterbrechungen von Anwendungen an sich nicht gern gesehen wurden. »Frau Lauckner, gleich ist es so weit. Ihr Mann ist auf dem Weg und trifft in ein paar Minuten ein.« So stand ich da, als er mittags durch den Haupteingang kam, sehr blass, sehr dünn. Er brachte die Sonne mit, holte sogar den Sommer zurück, der uns auch in den kommenden Wochen erhalten blieb – goldene Sonne an einem tiefblauen Himmel. Kais Farben. Ich fiel ihm um den Hals, mit viel Herzklopfen, und wir begrüßten uns, als hätten wir uns schon sehr lange nicht gesehen. Irgendwie stimmte es auch, denn die schreckliche Fentanylzeit war wie ein schwarzes Loch, das alles verschluckt hatte.

Und jetzt fingen wir von vorne an, halbwegs jedenfalls. Wie ein frisches Liebespaar eben, das zwar schon seit Jahren zusammenlebt und einen fünfjährigen Sohn hat, aber doch noch die Kribbelgefühle bekommt und mit den Augen lächelt, wenn es einander unversehens anschaut. Kai hatte viel zu tun: Armbäder, Muskelaufbau, Kreislauf stabilisieren, Magnetwellentherapie, Massagen, Kneipp, Psychotherapie, Atemgymnastik, Ernährungsberatung, Essen lernen ... Ich hatte ebenso viel Arbeit: Kneipp-Anwendungen, Pilates, Psychotherapie, autogenes Training, Entspannungsübungen, Massagen und dies und das. Manchmal trafen wir uns in einem Wartezimmer oder beim Wechsel, wenn der eine kam und der andere gerade fertig war. Dann grüßten wir einander im Scherz wie zwei alte Bekannte: »Ach, schau an, Kai, du bist auch hier?« – »Na, Anja, wie war die Massage, alles schön locker jetzt?«

Nachmittags lagen wir auf den Liegestühlen in der Sonne, ich las ein Buch nach dem anderen, und Kai schlief oft ein oder zwei Stunden, vollkommen erschöpft von dem Morgenprogramm. Dann spazierten wir zum Kindergarten und holten Nils ab, anschließend zockelten wir wieder nach Hause. Nils im Schneckentempo, weil er nie Lust auf Laufen hatte, Kai, weil er noch nicht kräftig genug für einen schnellen Schritt war, und ich, weil mir das geruhsame Schlendern einfach gefiel. Abends machten wir Nils gemeinsam bettfertig, Kai las ihm eine Geschichte vor, dann saßen wir beide noch ein bisschen gemütlich auf dem Sofa und kuschelten – bis sich schließlich Kai, nicht allzu spät, auf den Weg machte. Wir küssten und umarmten uns, als gälte es, sich vor einer langen Reise zu verabschieden. Dabei ging er ja nur in sein Zimmer am anderen Ende des Klinikgeländes. »Komm gut heim und schlaf schön.«

Wenn er dann drüben war, rief er immer noch einmal an, wir plauderten ein bisschen und sagten dann endgültig Gute Nacht. Es war alles genau richtig: der Abstand, das Auseinandergehen und Wieder-Zusammenkommen. Das tägliche Beieinandersein, ohne sich mit alltäglichen Pflichten plagen zu müssen. Das Atemholen und das Warten aufeinander, die Freude und das Herzklopfen, wenn wir uns nach einer getrennten Nacht beim Frühstück wiedersahen.

Ab und zu saßen wir mit anderen Patienten zusammen, aber eher selten. Wir waren einander genug und kosteten unsere wiedererwachte Liebe, unser neu entdecktes Familienleben in vollen Zügen aus. Als es Kai besser ging und er sich kräftiger fühlte, unternahmen wir sogar Ausflüge, unter anderem mit dem Kurbus in die Weltstadt Bad Kissingen. Von Bad Bocklet nach Bad Kissingen – das hört sich für manchen vielleicht an wie die Reise von einem Rentner- in ein Spießerparadies. Mag sein. Ich fand's großartig und genoss jede Minute. Obwohl es schon fast Oktober war, herrschten noch sommerliche Temperaturen, und wenn wir auf der Promenade Eis aßen und auf die vielen Kübelpalmen schauten, kamen wir uns vor wie in Italien. Es war der schönste Ort der Welt.

Dann wurde ich krank. Husten, Mandelentzündung, Schnupfen – nichts Schlimmes, und ich hatte ja jetzt Zeit dafür, auch mal ein bisschen krank zu sein. Unangenehm war aber, dass ich eine steife Schulter bekam, klassisches HWS-Syndrom, wie die Ärztin meinte. Verhärtete Muskulatur im Halswirbelbereich. Sie setzte mir mehrmals eine Spritze, aber es wurde nicht richtig gut. »Frau Lauckner, ich glaube, das ist psychosomatisch. Was sitzt Ihnen denn im Nacken, hm?« Ich wusste sofort, was es war. Die Zeit saß mir im Nacken. Genauer gesagt: die verrinnende Zeit. Denn bald würde unser Aufenthalt im Paradies zu Ende sein, obwohl Kai sogar eine Woche Verlängerung bekommen hatte. Nur nicht daran denken, dass bald Schluss war, nicht die Tage zählen, die noch blieben. Ich wollte einfach nicht nach Hause. Ich wollte, dass das unbeschwerte Leben an diesem zeit- und raumlosen Ort weiterging, ohne Vergangenheit und Zukunft. Einfach im Hier und Jetzt bleiben, im ewigen Schwebezustand eines glücklichen Moments.

Kai ging es so gut wie schon lange nicht mehr. Er hatte ein bisschen Farbe bekommen, war deutlich kräftiger geworden und hatte ein paar Kilo zugelegt. Er nahm nur noch ein Medikament, das die Heilung der Narben förderte, und ein leichtes »normales« Schmerzmittel. Sogar einen längeren Ausflug schaffte er: Wir besuchten meine Schwester, die 300 Kilometer entfernt in Hückeswagen wohnte und gerade mit dem ersten Kind niedergekommen war, dem kleinen Moritz. Kai fuhr die ganze Strecke, hin und zurück. Wahnsinn!

Ich war so unglaublich froh und erleichtert. Und stolz. Kai hatte enorm viel geschafft, wir beide waren einen Riesenschritt weiter. Eigentlich viele Schritte. Es ging aufwärts, wir hatten beide wieder Lust am Leben bekommen – und aneinander.

Die Sozialarbeiterin und Kai besprachen, wie es weitergehen sollte. Die Wiedereingliederung in den Beruf könnte ab Januar stattfinden, also noch rund drei Monate Erholungszeit und dann der langsame Einstieg. Erst ein paar Stunden täglich arbeiten und dann aufstocken, je nachdem, wie sein Zustand sich entwickelte. Seine alte Firma würde auf jeden Fall mitziehen und alles möglich machen, damit er wieder Fuß fasste. Kai freute sich schon darauf, endlich wieder anzupacken und etwas zu leisten, statt nur zu Hause die Krankheit in Schach zu halten und sich mit Therapieaufgaben zu beschäftigen. Er konnte es kaum erwarten, zu seinen Kollegen zu kommen.

Meine beiden Männer fuhren fünf Tage vor mir nach Hause. Nils hatte in den anderthalb Monaten einen regelrechten Sprung in seiner Entwicklung gemacht. Mit seinen fünf Jahren fühlte er sich schon ziemlich erwachsen und wollte noch ein paar Tage allein mit seinem Papa verbringen. Der Chefarzt verabschiedete sich und gab Kai seine besten Wünsche mit auf den Weg: »Machen Sie's gut Herr Lauckner, von Herzen hoffe ich, dass alles weiterhin klappt und Sie auch in Zukunft so tolle Fortschritte machen. Nur eins noch: Lassen Sie bitte Ihre Leberwerte noch mal prüfen, die sind nicht ganz optimal. Sie brauchen sich aber keine Sorgen zu machen, das ist oft so nach großen Operationen und Chemotherapie. Kein Drama. Aber sicher ist sicher.«

13 Verlassen

Ich träume seit Kais Tod sehr viel. Manchmal sind es Sehnsuchtsträume. Dass wir zusammen im Bett liegen oder spazieren gehen, dass wir über eine wichtige Sache sprechen. Eine Schwester auf der Palliativstation sagt, es kommt sehr selten vor, dass die Verstorbenen in einem Traum wirklich anfangen zu sprechen. In meinen Träumen sagt Kai aber öfter etwas. Wir umarmen und küssen uns auch. Oft ist das so intensiv, so realistisch, dass ich noch im Aufwachen glaube, Kai läge neben mir. Ich spüre seinen Atem und seine Wärme, er ist mir ganz nah, wir sind beinahe ein Körper. Manchmal weine ich dann, wenn ich erkenne, dass es nur ein Traum ist und dass Kai in Wahrheit weit fort von mir ist.

Es gibt auch schreckliche Träume. In denen streiten wir wild, oder ich bin stocksauer auf Kai, weil er unzuverlässig und böse ist, weil er trinkt und nicht nach Hause kommt. Er ist ekelhaft, benutzt widerliche, gemeine Wörter. Ich hasse ihn.

Anfangs haben mich solche Träume erschreckt. Ich wusste nicht, was los war. Ich schämte mich, dass ich schlecht von Kai dachte beziehungsweise träumte. Außerdem machte ich mir Sorgen, dass solche Episoden meine Erinnerung an ihn verändern würden und ich ihn möglicherweise nicht mehr liebte. Aber mittlerweile denke ich, dass diese Traumgeschichten mir helfen, mich von Kai zu lösen, so weit es nötig ist. Ich glaube, sie liefern mir eine Art Scheidungsgrund. So kann ich eines Tages im Traum sagen: »Jetzt ist Schluss. Ich verlasse dich.« Dann würde ich den Spieß umdrehen. Nicht Kai geht weg, sondern ich.

So wäre ich nicht länger eine verlassene Frau.

14 Ende 2010

Nachdem die herrlichen Wochen in Bad Bocklet zu Ende waren, nahmen wir das normale Leben zu Hause wieder auf. Schade, aber auch gut, und einiges von dem neu gewonnenen Schwung konnten wir hinüberretten in den Alltag. Meine Firma hatte in der Zwischenzeit renoviert, und ich bezog ein neues Büro, ganz in Weiß und Flieder gestrichen, ziemlich ausgefallen. Kai fuhr mehrmals zu seiner alten Firma und besprach mit dem Chef, wie sie seine Rückkehr ab Januar 2011 am besten organisierten. Nils ging wieder in unseren Kindergarten und gab ein bisschen mit seinen Erlebnissen und neuen Fertigkeiten an, die er sich in Bad Bocklet angeeignet hatte. Demnächst stand schon wieder der Martins-Umzug bevor. Meine Güte, fast ein Jahr war vergangen seit der damaligen Diagnose, das schwierigste Jahr unseres bisherigen Lebens.

Am 26. Oktober stand eine Routine-Computertomografie für Kai an, und auch die Leberwerte sollte ja noch mal überprüft werden. Der Radiologe befand sich glücklicherweise im Nachbarhaus von Dr. Hübners Praxis, sodass man alles bequem hintereinander erledigen konnte. Kai brauchte den ganzen Vormittag für das CT, weil er das Kontrastmittel nur in kleinsten Schlucken trinken konnte, das zog sich schier endlos hin. Ich fuhr in meiner Mittagszeit rüber, um die Diagnose mitzubekommen. Solche Termine konnte ich weiterhin nicht allein Kai überlassen, obwohl er mittlerweile selbst einigermaßen geübt war. Aber er merkte sich einfach keine Einzelheiten und erzählte immer nur, dass der Arzt nichts Besonderes gesagt habe. Das brachte mich auf die Palme, und wenn es irgendwie ging, war ich bei den Auswertungsgesprächen dabei, bei den wichtigen Terminen sowieso. Auch dieses Mal.

Der Radiologe rief uns in sein Besprechungszimmer und schaute sich die Bilder an. »Wie geht es Ihnen denn eigentlich, Herr Lauckner?« – »Danke, gut. Keine Beschwerden.« – »Hm, wirklich nichts?« – »Nein, nichts.« Der Arzt runzelte die Stirn und starrte noch mal auf das Computerbild, das von Kais Bauchraum angefertigt worden war. »Also, ich sehe hier zwei Flecken. Zwei Flecken auf der Leber. Das könnten Metastasen sein. Aber ich bin kein Krebsspezialist, und mir liegen auch nicht die früheren Aufnahmen aus dem Krankenhaus vor, sodass ich nicht richtig vergleichen kann. Das muss sich auf jeden Fall der Onkologe anschauen.«

In seinem Bericht, den ich später zu lesen bekam, stand, dass auf der linken Niere zwei vergrößerte Lymphknoten zu sehen waren, um die Aorta und das Aufhängeband des Dünndarms herum ebenfalls, außerdem zwei Leberfiliae, die eine davon über drei Zentimeter groß. »Filiae« – das ist ein familiäres Wort. Es ist lateinisch und heißt »Töchter«. Im medizinischen Kontext bedeutet es meistens die Katastrophe, nämlich Tochtergeschwulste, Metastasen, Rezidive. Den Bericht kannte ich damals nicht. Aber ich wusste aus meinen Büchern und Ratgebern, dass Rezidive auf der Leber gleichbedeutend mit dem Todesurteil sind. Und selbst wenn wir es nicht gewusst hätten, hätten Kai und ich es auch so erfasst, instinktiv. Wegen der Art, wie der Radiologe sprach, mit einem besonderen Unterton. Wegen seiner Gesichtszüge, die bemüht sachlich wirkten. »Flecken auf der Leber.« Kai und ich, wir beide wussten in diesem Moment, dass sich das Blatt gewendet hatte. Dass das heute kein Routinetermin mehr war, von dem wir mit Routineergebnissen nach Hause gehen würden.

Es ist wie ein Schlag mit der Keule. Dröhnen in den Ohren. Kai schaut mich an, schweigend und mit dunklen, fast schwarzen Augen. Er wartet darauf, dass ich etwas sage. Nun gut, dann stelle ich eben dem Arzt die Frage: »Was wollen Sie damit sagen? Heißt das, dass der Krebs wieder da ist?« Ausweichende, trotzdem grausam deutliche Antwort: »Ich kann es Ihnen nicht sagen, das muss der Onkologe anschauen. Aber hier sind halt die beiden Flecken zu sehen. Ich mache eine CD fertig, und Sie sprechen mit Dr. Hübner.«

Wir nehmen einen Ausdruck der Bilder mit und gehen ins Nebenhaus, setzen uns in Dr. Hübners Wartezimmer. Wir reden fast nichts. Kai meint nur: »Anja, ich würd mir jetzt am liebsten eine Schachtel Zigaretten kaufen.« – »Bitte tu's nicht, Kai. Wir schaffen das schon irgendwie, aber fang jetzt nicht das Rauchen an.« Blöde Formulierung, wir schaffen das schon irgendwie. Was sollten wir denn schaffen können? Denn noch bevor Dr. Hübner uns erklärt, was uns erwartet, ist uns beiden klar, dass es keine Rettung mehr gibt. Dass jetzt der letzte Abschnitt beginnt.

Aber wie knapp ein Jahr zuvor bei der Krebsdiagnose: kein Schreien, kein Weinen, keine Ohnmacht. Eine seltsame

Gefasstheit, als hätten wir uns darauf vorbereitet. Haben wir aber nicht. Noch sechs Wochen zuvor war auf dem CT alles in Ordnung gewesen, außer einigen Lymphknoten hinter dem Zwerchfell, die man im Auge behalten sollte. Die hatten sich jedoch wieder normalisiert. Und jetzt das: Metastasen auf der Leber. Aus. Ende. Bald.

Dr. Hübner machte es kurz und sachlich, wie es seine Art ist. Kein Geschwafel, kein Drumrum, keine Vielleicht-doch-Floskeln. Aber ich sah ihm an, wie sehr es ihm zusetzte, uns die Wahrheit sagen zu müssen. »Es tut mir sehr, sehr leid. Aber es sind wirklich Metastasen, ohne jeden Zweifel. Wir können jetzt nicht mehr viel tun. Das Wichtigste ist: Schmerzen vermeiden und so viel Lebensqualität wie möglich erhalten. Das heißt, wir führen eine palliative Chemotherapie durch, damit das Wachstum des Krebses verlangsamt wird. Mehr geht nicht. Ich warte noch auf den Bericht des Kollegen, aber an den Möglichkeiten wird sich nichts Wesentliches ändern. Nächste Woche fangen wir mit der Chemo an.«

Blieb noch die eine Frage, die wichtigste Frage, wenn das Todesurteil gesprochen ist. Die Frage, die jeder Mensch mit einer solchen Diagnose stellt: »Wie lange noch?« Und Dr. Hübner gab wie immer die ehrliche Antwort: »Ich weiß nicht, wie viel Zeit Ihnen noch bleibt. Niemand weiß es. Wir geben unser Bestes. Mehr kann ich nicht sagen.«

Ganz nüchtern vereinbarten wir den Termin für den ersten Chemo-Tag in der kommenden Woche. Draußen auf dem Parkplatz verabschiedeten wir uns voneinander. Kai ging in den Baumarkt, ich fuhr ins Büro. Man kann sich darüber wundern. Man kann spekulieren, warum wir uns so verhielten. Hatten wir etwa nicht ganz verstanden, was Dr. Hübner uns gesagt hatte? Standen wir unter Schock? Wollten wir vielleicht verdrängen, was wir soeben gehört hatten? Ich meine nicht, dass es das war. Ich glaube, wir hatten einfach keine andere Reaktion in unserem Repertoire. Darauf ist man emotional nicht eingestellt, selbst wenn man rational ab und zu mit der Möglichkeit spielt, dass etwas ganz, ganz Schlimmes geschehen könnte.

Abgesehen davon weiß ich tatsächlich nicht, ob es etwas Natürlicheres gibt, als in solch einer Lage erst mal nichts zu machen oder eben das Übliche. Denn: Für so eine Nachricht gibt es keine angemessene Verhaltensweise. Dieser Fall ist in keinem Regelwerk für richtiges Benehmen verzeichnet, womöglich nachzuschlagen unter dem Stichwort »Ankündigung des baldigen Todes«. Was sollte dort als Ratschlag stehen? »Schreien ist das Beste.« Oder: »Sie sollten unbedingt versuchen, ein paar Tränen zu produzieren.« Ob einer äußerlich wahrnehmbar durchdreht oder nicht – das sagt doch gar nichts darüber aus, wie es in ihm aussieht.

Ich rief meine Mutter an. Meine Schwester. Ein paar Freunde. Ihre Fassungslosigkeit äußerte sich in Stammeln und vor allem Schweigen. Es gibt einfach nicht viel zu sagen in diesem Moment, weder für den Betroffenen noch für die anderen.

Auf der Website des Krebsinformationsdienstes schaute ich nach, was die Experten zu Metastasen auf der Leber erläuterten: nicht besonders erfreulich. Zwar verursachen sie lange Zeit keine Schmerzen, aber die Funktionen der Leber werden recht schnell eingeschränkt oder fallen ganz aus.

Das betrifft ihre entgiftenden Aufgaben, die Umwandlung von Zucker in Energie, die Speicherung von Nährstoffen, die Blutgerinnung und so weiter und so fort. Der gesamte Stoffwechsel gerät aus den Fugen oder klappt zusammen. Ödeme, also Wasseransammlungen unter der Haut, treten auf. Heilungschancen gibt es praktisch keine.

Wahrscheinlich hatte ich schon in Bad Bocklet geahnt, dass das Leben dort nicht die Wirklichkeit war, und wollte deshalb dieses Paradies nicht verlassen und nach Hause fahren. Vielleicht hatte ich gespürt, was keiner äußerte, obwohl es alle gewusst haben müssen. Dass es im Grunde keine Chance gab und auch kein Wunder helfen würde. Vielmehr war das Wunder bereits geschehen. Es bestand darin, dass Kai schon so lange durchgehalten hatte. Dass wir so viel gute Zeit miteinander verbracht hatten, trotz seiner Krankheit. Und dass Kai noch so viel bewältigen würde. Aber diesen Teil des Wunders konnte ich natürlich erst später erfassen.

Wir haben gar nicht groß besprochen, was wir uns für die kommende Zeit vornahmen, es war von selbst klar: Wir wollten alles noch so lange tun, wie wir konnten. Einfach leben, vergnügt sein, Urlaub machen, streiten, reden, möglichst viel lachen, Nils eine Familie sein und einander in Liebe zugetan.

Gerade diese Liebe zu Nils und mir machte es für Kai aber auch so schwer. Anfang November, am Wochenende nach der Metastasen-Botschaft, besuchten uns meine Schwester Janine und ihr Mann Daniel, den kleinen, gerade zwei Monate alten Moritz hatten sie natürlich dabei. Kai liebte Moritz, zwischen ihnen entstand eine ganz besondere Beziehung, die bis zum Schluss – und vielleicht sogar darüber hinaus – anhielt. Es war gut, dass sie da waren. Meine Schwester gab mir Kraft, allein durch ihre Anwesenheit. Und für Kai war es gut, dass ein bisschen Trubel im Haus herrschte, die Aufmerksamkeit sich nicht ausschließlich auf ihn richtete und er sich ab und an ausklinken konnte. Er versuchte, sein inneres Gleichgewicht wiederzufinden, hörte dafür sogar die Meditationsmusik, die er aus Bad Bocklet mitgebracht hatte.

Am Sonntagnachmittag lag er im Wohnzimmersessel, die Ohrstöpsel eingesteckt, offenbar ein bisschen eingenickt über der Entspannungsmusik. Im Arm hielt er Moritz, der fest und allem Anschein nach selig schlief. Kai im roten T-Shirt, das Baby im hellblauen Hemdchen – ein Bild des Friedens und der Harmonie. Und das Sinnbild von Gehen und Ankommen.

Als ich näher trat, öffnete Kai die Augen, sagte nichts, blickte mich nur an. Er atmete schwer, und schließlich kullerten ihm die Tränen über die Wangen. »Anja, ich komme irgendwie klar damit, dass ich krank bin. Auch damit, dass ich sterben muss. Aber was ich nicht schaffe, ist, den Gedanken zu ertragen, dass ich euch hier zurücklassen muss. Allein. Ich wollte mich doch immer um euch beide kümmern, als Teil der Familie. Und jetzt musst du bald alles allein stemmen. Darum mache ich mir die größten Sorgen, dass es einfach zu viel wird für dich.«

Ich küsste ihm die Tränen weg. Was sonst hätte ich machen sollen?

Kai war ein Mann der Tat, mit Worten hatte er's nicht so. Deshalb begann auch nach der Hiobsbotschaft Ende

Oktober Kais aktive Phase: Er trieb sich in Baumärkten herum, plante, organisierte und werkelte bei uns zu Hause wie ein Verrückter. Obwohl er meiner Ansicht nach dazu eigentlich gar nicht in der Lage war und mit seinen Kräften besser haushalten sollte. Je heftiger er arbeitete, desto mehr verlor er an Gewicht. Der fortschreitende Tumor verschlang jede Menge Kalorien, dazu die körperliche Anstrengung – und Zeit zum Essen fand er während der Arbeit sowieso keine mehr. Also rundum unvernünftig, aber es war halt Kais Art, sich zu äußern, nur durch Taten. Jetzt ging es für ihn darum, alles noch zu regeln, die letzte Zeit zu nutzen, um möglichst viel fertigzustellen, perfekt zu hinterlassen, nicht bei halben Sachen aufzuhören. Die Zeit drängte, das hatten wir beide im Gefühl. Dr. Hübner hatte nicht gesagt, wie lang es noch dauern könnte, wir beide gingen aber instinktiv von einem Jahr aus, höchstens.

Mir ist schleierhaft, woher Kai seine Kräfte nahm, aber irgendwo in sich muss er eine geheime Quelle gehabt haben. Anders kann ich mir nicht erklären, wie er das alles bewerkstelligen konnte. Die Vorarbeiten für die Neugestaltung des Hofs hatte er ja schon allein erledigt, jetzt setzte er für Ende November einen Tag des Pflasterns an und lud eine Menge Familienmitglieder und Freunde ein. Jedem wies er seine Aufgabe zu: auftragen, abziehen, auflegen, festklopfen, Fugen füllen und dies und das und jenes. Alle waren mit Feuereifer bei der Sache, ich versorgte die Truppen mit Essen und Trinken und staunte über das, was sich da vor meinen Augen abspielte. Der todkranke Kai kommandierte seinen Bautrupp und zeigte allen ganz genau, was sie wie machen sollten.

Dabei hatte er ja nur wenige Tage nach dem Gespräch mit Dr. Hübner bereits mit der palliativen Chemotherapie begonnen. Einen Tag pro Woche in der Praxis, sechs bis acht Stunden lang. So eine Chemo macht müde, und er ging immer sehr früh ins Bett. Vorher drehte er noch eine Runde durch den Ort. Früher hatten wir das immer gemeinsam gemacht, jetzt wollte er es nicht mehr, er brauchte seine Ruhe zum Verdauen und Denken. Ich war ein bisschen gekränkt. Überhaupt gingen mir nach einer kleinen Weile seine Aktivitäten ein bisschen auf die Nerven. Mir erschien es wie gestohlene Zeit, wenn er sich mit seinen Bauvorhaben und Werkzeugen und was weiß ich beschäftigte. Da hinein steckte er all seine Energie. Danach fiel er wie mit der Axt gefällt aufs Sofa, wo er in Tiefschlaf versank oder massiert werden musste, damit seine Ödeme kleiner wurden. Oder wir mussten etwas gegen seine Schmerzen unternehmen. Traute Zweisamkeit oder einfach nur eine kleine Unterhaltung – dafür fehlte ihm die Kraft.

Ich konnte kaum zusehen bei seiner Werkelei. Zwar wusste ich, dass er das alles nur für uns machte, Wände anstrich, Wege pflasterte, Werkzeuge sortierte und Hängeschränke anschraubte. Es war ihm wichtig, dass er Nils und mir alles in bestmöglichem Zustand und optimaler Ordnung hinterließ. Er wollte uns alles so einfach wie möglich machen für die Zeit, in der er nicht mehr da wäre. Trotzdem wäre mir lieber gewesen, wenn wir näher beieinander gewesen wären. Auch helfen ließ er mich kaum noch. Immer weniger konnte er vertragen, dass ihn jemand bei seinen Arbeiten unterstützte. Dafür hatte er einfach keine Nerven mehr. Er steckte all seine Kraft in die Konzentration auf seine Werke und darauf, die Schmerzen so weit wie möglich wegzumeditieren. Zu Erläuterungen oder Debatten, was ein Helfer hier oder dort machen sollte und vor allem wie, war er einfach nicht mehr in der Lage. Im Frühjahr erweiterte Kai noch unsere Terrasse. Wir befreiten den Hang von Pflanzen und schütteten ordentlich Erde auf. Kai muss Tausende von Schubkarren gefahren haben. Dann kam die Mauer dran, die die ganze Konstruktion stützte, aus natürlich vorhandenem Sandstein, ungeschnitten. Nils und ich halfen ihm, die Steine mit der Drahtbürste zu säubern, und anschließend beim Mauern und Verfugen. Aber wir kleckssten so viel Beton auf die Wiese, dass Kai uns bald wegschickte, damit wir »anderswo spielen« konnten.

Einigen Leuten fiel es schwer zu glauben, dass Kai wirklich todkrank war, wenn sie ihn beim Arbeiten sahen. Das brachten sie nicht zusammen: unheilbar krebskrank und sich wie ein Wilder aufs Heimwerken stürzen. Sie fragten sich, ob er nichts Besseres zu tun hatte, als noch schnell etwas zu bauen. Das musste ich ihnen dann erklären: dass er wirklich Lebermetastasen hatte, einmal in der Woche zur Chemotherapie ging und man ihn gar nicht zu fragen brauchte, wie es ihm gehe. Er würde sowieso immer nur antworten: »Danke, ganz gut so weit.« Egal, ob er neununddreißig Grad Fieber hatte oder sein Kreislauf kurz vor dem Zusammenklappen war. Schon als Gesunder hatte er kein Gespür für seinen Körper gehabt, als Kranker erst recht nicht.

Kai fing wieder mit dem Rauchen an. Ich nahm schon bald den verdächtigen Geruch wahr, wenn er von seinen Abendrunden zurückkehrte, aber auch bei anderen Gelegenheiten. Das durfte doch nicht wahr sein! Jetzt, wo er alle Kraft brauchte, mutete er seinem Körper auch noch die Belastung durch Nikotin und Teer zu. Ich redete mit Engelszungen und mit Trompetenstimme auf ihn ein, aber er ließ nicht ab davon. In meiner Verzweiflung rief ich Dr. Hübner an und beschwerte mich über Kais Unvernunft. »Frau Lauckner, ich bitte Sie: Lassen Sie ihn doch rauchen. Schimpfen Sie nicht mit ihm, und verderben Sie sich und ihm nicht die Zeit mit diesem Thema. Es ist völlig egal, ob er raucht oder nicht. Es wird ihm keinen Tag nehmen, und wenn er aufhört, wird es ihm auch keinen Tag mehr bringen.« So bestätigte er auch auf diese Weise noch einmal, was wir ja längst wussten: Es gab keine Chance mehr, das Ende war unausweichlich. Unser Hausarzt und der Arzt der Palliativstation sahen die Zigarettenfrage genauso. Nur ich musste mich erst daran gewöhnen, dass Kai wieder rauchte – wenn er es auch immerhin so tat, dass Nils nichts davon mitbekam.

Heute würde ich sicher gelassener damit umgehen, aber damals war ich noch nicht so weit. Kai muss sehr verzweifelt gewesen sein, sonst hätte er nicht wieder damit angefangen, da bin ich heute sicher. Und es wäre auf jeden Fall besser gewesen, wenn ich nicht so einen Wind gemacht hätte. Im Nachhinein gönne ich ihm die Zigaretten seines letzten Jahres, jede einzelne. Ironie des Schicksals: Später half ich ihm sogar dabei, seine allerletzte Zigarette anzuzünden, fünf Tage bevor er starb. Es fiel mir nicht schwer, es war einfach das, was in diesem Moment aus Liebe zu tun war.

Das Timing war perfekt: Kaum war der Hof gepflastert, brach der Winter herein. Keinen Tag später hätte Kai damit fertig werden dürfen. Die Temperatur fiel unter null, und es begann zu schneien. Die weiße Decke verzog sich zwar zwischenzeitlich noch einmal, aber zu Weihnachten fielen wahre Massen an Schnee. Wir feierten wie so oft in der Heimat, bei meinen Eltern.

Sämtliche Familienmitglieder rückten an, trotz der schlechten Straßenverhältnisse. Das Auto stellten wir auf dem Platz vor der Kirche ab, da die Straße, in der meine Eltern wohnen, unter Schneebergen versank. Der Garten war kaum noch zu erkennen, eine einzige weiße Fläche. Mein Vater baute für uns Kinder – die erwachsenen und die kleinen – eine riesige Schneehöhle. Großartig! Wir hatten einen Spaß wie seit Jahren nicht mehr. Die Laternen, die wir in der Höhle aufhängten, gaben ein wunderbar gemütliches Licht, und von außen sah man ein warmes Glühen, gelbrot und eigenartig transparent, obwohl man nicht durch die Eiswände schauen konnte.

Wir alle werkelten mit, sogar Kai, obwohl er mit seiner Chemotherapie eigentlich nichts Kaltes anfassen durfte. Denn die bewirkte, dass er glaubte, festzufrieren. Er hätte nicht mal in der Kälte stehen sollen. Seine Hände konnte er kaum bewegen und sein Gesicht nicht fühlen. Trotzdem war er dabei.

Allen war auf unausgesprochene Weise bewusst, dass es das letzte Weihnachtsfest in dieser Besetzung sein würde. Das letzte, das Kai erlebte. Das letzte, an dem unsere kleine Familie komplett war. Das erste, an dem das Kind meiner Schwester dabei war. Wir sprachen nicht viel darüber, wir fühlten es vor allem. Das Fest war intensiver als sonst, alles bekam eine besondere Bedeutung, weil es das letzte Mal war. Das letzte Mal, dass wir gemeinsam die Geschenke auspackten, dass wir die Lieder sangen, dass wir vor dem Zubettgehen die Lichter des Weihnachtsbaums löschten. Es war eigentlich nicht traurig, eher sehr mächtig, sehr intensiv.

Meine Eltern schenkten uns eine erzgebirgische Weihnachtspyramide, die hatte sich Kai schon lange gewünscht. Er war ganz verzaubert davon, von ihrem langsamen, gleichmäßigen Drehen und den geheimnisvollen Schatten, die durch die Flügel an der Decke entstanden. Die Pyramide, die Lichter, der Weihnachtsbaum, wir alle zusammen am Tisch – das war der Inbegriff von Heimat, von Geborgenheit und Aufgehobensein für ihn. Für uns alle. Vielleicht spürten Kai und ich besonders intensiv diese vielen »letzte Male«, die darin steckten. Die anderen mochten immer noch kaum glauben, dass es so schlecht um ihn stand. Er sah gut aus, richtig fit. Beim Weihnachtsmahl aß er sogar Ente und Klöße mit, natürlich nur winzige Kinderportionen, aber trotzdem. Dabei fiel es ihm schwer, oft lag er nach dem Essen mit schmerzverzerrtem Gesicht auf dem Sofa, bis die Speisen wirklich weitergerutscht waren, dann ging es wieder.

Silvester waren wir zu Hause, die ganze Weihnachtsgesellschaft nun bei uns, außerdem überraschend noch ein paar Freunde. Was für ein Trubel! Ich legte mich ins Zeug und zauberte ein Büffet, das seinesgleichen suchte. Darauf war ich mächtig stolz, und Kai war es auch. Wie bei uns üblich, spielten wir am letzten Abend des Jahres Gesellschafts- und Ratespiele, bis es endlich Mitternacht war. Wir böllerten ein Feuerwerk auf der Straße ab, die Nachbarn kamen vorbei, und wir erhoben das Glas auf das neue Jahr. Auch Kai.

Dann schaltete er das Radio an und suchte einen österreichischen Sender. In Österreich wird um Mitternacht auf sämtlichen Plätzen und Straßen und in den Lokalen ein Wiener Walzer gespielt, die Leute tanzen überall, auch draußen. Als wir vor Jahren mal Silvester in Österreich feierten, waren wir natürlich auch auf der Straße und tanzten mit den vielen fremden Menschen ins neue Jahr hinein. Wir liebten es, zu tanzen und unsere Körper zu spüren, sehr harmonisch und sehr aufeinander eingestellt, genossen es in vollen Zügen, uns im gemeinsamen Rhythmus zu bewegen. Ich führte, aber so, dass es keiner merkte, außer Kai natürlich – aber an solche Situationen war er ja gewöhnt. Auch an diesem Silvester tanzten wir um Mitternacht, allerdings im Wohnzimmer. Nachdem Kai den richtigen Sender gefunden hatte, drehte er sich zu mir um, deutete eine kleine Verbeugung an und führte mich auf die Tanzfläche, zwischen Sofa und Esstisch. Wir stellten uns auf, und mit dem nächsten Takt setzten wir ein. Zum letzten Mal drehten wir uns beschwingt im Wiener Walzer, glücklich, lächelnd und liebend.

15 Nils

Nils ist ein besonderes Kind. Das sagen natürlich alle Mütter über ihre Sprösslinge, aber bei Nils stimmt es tatsächlich. Er hat mehr erlebt als die meisten anderen Kinder, er hat einen viel intensiveren Blick auf das Leben geworfen, als es für sein Alter üblich ist. Dadurch wirkt er einerseits sehr erwachsen, andererseits hat er sich aber auch etwas sehr Kindliches bewahrt, obwohl er bald schon in die Pubertät kommt. Aber ich find's schön, dass er noch nicht so »cool« ist wie andere.

Kai und ich haben Nils von Anfang an in die Entwicklung der Krankheit einbezogen, ihm nichts verheimlicht. Natürlich haben wir nicht immer alle Einzelheiten erzählt und sowieso versucht, alles so darzustellen, dass es für ein Kind nachvollziehbar ist. Als Kai erkrankte, war Nils vier Jahre alt; als er starb, wurde er gerade sechs. Das machte es schwierig und einfach zugleich. Schwierig, weil der Krebs und seine Behandlung komplexe Themen sind – leicht, weil Nils ein intuitives, sehr tiefes Wissen entwickelte. Vielleicht ist das bei allen Kindern so, und vielleicht sind sie darin manchen Erwachsenen sogar überlegen.

Nachdem die Rezidive entdeckt wurden und Kais Schicksal klar war, wandten wir uns an eine Kinderpsychologin. Vielleicht hätte es das nicht gebraucht, aber da ich als

Folge meiner Panikattacken ja selbst schon die Wohltaten einer therapeutischen Begleitung erlebt hatte, wollte ich sie auch Nils zukommen lassen. Außerdem war es auch für uns nützlich, wenn wir einen Profi fragen konnten, so fühlten wir uns sicherer im Umgang mit unserem Sohn. Zwar waren Kai und ich uns vollkommen einig, dass wir Nils nichts verheimlichen wollten, aber den einen oder anderen Rat der Psychologin konnte ich gut gebrauchen: wann wir was genau sagen konnten, wie ausführlich und so weiter.

Die Psychologin bestätigte uns darin, so fortzufahren, wie wir begonnen hatten, nämlich ohne Heimlichtuerei. Jedes Kind spürt, dass sich etwas verändert, dass Sorge und Angst in der Familie herrschen. Wenn das aber nicht zum Thema gemacht wird und es keine Worte dafür gibt, wirkt die Situation auf ein Kind doppelt bedrohlich. Es weiß, dass etwas Unangenehmes passiert, aber es weiß nicht, wie es die Angst davor aussprechen kann.

Nils ging regelmäßig zur Therapie, zunächst alle zwei bis vier Wochen, in der Endphase dann jede Woche. Anfangs war Kai ab und zu dabei, mal ich, meistens aber fanden die Stunden ohne uns statt. Fragte ich Nils, was sie in der Sitzung gemacht hatten, hieß es meist: »Nichts Besonderes.« Wenn es hochkam, erhielt ich Auskünfte wie: »Ach, nur so mit Sand gespielt.« Wie auch immer, es hat ihm gutgetan.

Was mich ein bisschen wundert, ist Nils' weiterhin ungebrochenes Vertrauen in die Medizin. Obwohl er die Krankheit, Kais Schmerzen und die Nebenwirkungen der Behandlung, letztlich auch die Vergeblichkeit der Heilungsversuche mitbekommen hat, stimmen ihn Ärzte und Krankenhäuser optimistisch. Er weiß, dass bei Kai alles versucht wurde, aber dass es Grenzen gibt. »Papa war im ganzen Körper krank, da hätte nicht mal ein neuer Magen geholfen«, meinte er, nachdem er einen Film zu Organspenden und Transplantationen gesehen hatte. Wenn er selbst beim Arzt ist, legt er äußerste Tapferkeit an den Tag, obwohl er sonst nicht unbedingt ein Draufgänger ist. Besteht die Wahl zwischen Schluckimpfung und Spritze, bevorzugt er auf jeden Fall Letztere, das erscheint ihm professioneller.

Er ist ein wahrer Experte geworden, nicht nur für Krankheiten, sondern auch für das Thema Sterben und für alles, was damit zusammenhängt. Als der Großvater einer seiner Freunde starb, konnte er mit ihm darüber sprechen und ihn auch trösten, wahrscheinlich besser als ein Erwachsener. »Mir brauchst du nicht zu erklären, was eine Urne ist …« – da herrscht eine Gleichheit der Gefühlserfahrung, die zuverlässig erscheint. So erkläre ich es mir jedenfalls.

Anders verhält es sich, wenn das Thema in größerer Runde zur Sprache kommt. Als es im Religionsunterricht dran war, machte ihm das mächtig zu schaffen. Die Lehrerin informierte Nils vorher, dass sie ab Montag der folgenden Woche den Tod durchnehmen würden, er aber jederzeit den Unterricht verlassen könne, wenn es ihm zu viel würde. Das war sehr nett von ihr und gut gemeint. Die Folge aber war, dass sich Nils das ganze Wochenende davor fürchtete. Als es dann so weit war, bekam er kaum Luft und wäre am liebsten umgefallen, so erzählte er. Diese Unterrichtsstunden waren sehr schwer für ihn. Aber auch das hat er überstanden. Er ist wirklich sehr tapfer.

Ich versuche alles, um Nils den Verlust seines Vaters

nicht so sehr spüren zu lassen. So sitze ich als einzige Frau unter lauter Fußballvätern im Bus, wenn seine Mannschaft der E-Jugend zu einem Auswärtsspiel fährt. Und feuere die Jungs an, so gut ich kann, bekomme aber trotzdem häufig Kritik zu hören, weil meine Kommentare nicht fachmännisch genug sind. Ich gebe mir weiterhin Mühe. Wie man es aber dreht und wendet: Ich bin halt nicht Vater *und* Mutter, sondern nur Mutter. Ich kann Kai nicht ersetzen. Kai fehlt ihm, das weiß ich. Mal ist es schlimmer, mal erträglich.

Dabei denkt Nils nicht nur an sich, sondern versetzt sich auch an Kais Stelle. Es macht ihn traurig, dass Kai manche Dinge nicht mehr erleben kann, die für Nils beim Erwachsenwerden sehr wichtig sind. Ich glaube, er hat ein starkes Empfinden dafür, dass sich unser Leben verändert, dass viel Neues dazukommt. So wird das, was wir gemeinsam mit Kai erlebt haben, im Verhältnis weniger.

Nils ist sehr bewusst, dass er nur noch einen Elternteil hat. Als ich einmal in Hausschlappen Holz aus der Garage holte, dabei heftig ausrutschte und keuchend auf dem Weg liegen blieb, bekam er einen wahnsinnigen Schrecken. Es wäre das Schlimmste für ihn, wenn mir etwas passiert. Im Nachhinein hat er ordentlich mit mir geschimpft, dass ich keine festen Schuhe anhatte. Ich habe ihm versprochen, dass es nie wieder vorkommt. Außerdem weiß er, dass für den Fall der Fälle alles geregelt ist. Sollte mir etwas passieren, wird ihn die Familie meiner Schwester aufnehmen, zu der er eine starke Beziehung hat. Nils kontrolliert das alle paar Monate mit der Frage: »Mama, was wird mit mir, wenn du plötzlich stirbst?« Auf keinen Fall dürfte ich dann antworten: »Lass mal, mir wird schon nichts geschehen.« Nils hat aus nächster Nähe erlebt, dass das Leben nicht gewiss ist.

Trotzdem oder gerade deshalb ist Nils' Glaube an Gott durch Kais Tod noch stärker, noch konkreter geworden. Das finde ich schön. Im Religionsunterricht malte er ein Bild, wie Gott seinen Vater in Empfang nimmt. Gott sitzt auf dem Himmelsthron, und in der Sprechblase steht sein Begrüßungssatz: »Hallo, ich bin Gott. Sei willkommen.« Ihm gegenüber steht Kai, schwer bepackt mit seinem Werkzeugkoffer und ein paar Musikboxen. Er trägt ein dickes Lächeln im Gesicht: »Hallo, ich bin Kai.« Ich finde das Bild großartig. Nils hat meiner Ansicht nach den Kern erfasst. Kai hat es gut bei Gott, er ist ohne Schmerzen und wird sich als Handwerker im Himmel besonders nützlich machen.

Die zugehörige Frage auf dem Aufgabenblatt »Wie stellst du dir Bei-Gott-Sein vor?« beantwortete Nils so: »Unvorstellbar. Himmlisch. Ruhig. Ich werde meinen Papa sehen.« Genauso stelle ich es mir auch vor. So wird es sein.

16 Anfang 2011

Von Beginn des Jahres 2011 an konnte Kai nicht mehr richtig essen. Das Essen wollte und wollte einfach nicht rutschen. Es steckte fest oder kam wieder raus – ob so oder so, beides verursachte ihm Qualen. Für Ende Januar war sowieso eine Spiegelung des operierten Verdauungstrakts anberaumt, ich fürchtete allerdings, dass sich vielleicht ein Tumor in der Speiseröhre gebildet hatte. Sollten wir unter diesen Bedingungen noch ein paar Wochen warten? Lieber nicht. Allerdings konnte ich nicht einfach zu Kai sagen: »Es wäre besser, wenn du dich untersuchen ließest, da stimmt doch was nicht mit deiner Speiseröhre.« Er verweigerte auf eine seltsame Art jede Hilfe, wenn es um Schmerzlinderung und Ähnliches ging. Und erst recht, wenn die Initiative von mir ausging. Er begriff einfach nicht, dass der Sinn der palliativen Behandlung darin bestand, ihm die Schmerzen zu nehmen. Dass viele Möglichkeiten zur Verfügung standen, die man ausprobieren konnte. Das erfordert aber die Mitarbeit des Betroffenen. Gerade in der Schmerztherapie ist genaues, kontrolliertes Vorgehen das Allerwichtigste. Und so präzise Kai in seinem Handwerk war, so schlampig, geradezu unsinnig verhielt er sich bei der Bekämpfung seiner Schmerzen.

Es fing schon damit an, dass er kaum beschreiben konnte,

welcher Art und Stärke seine Schmerzen im jeweiligen Fall waren. Ich legte ihm eine Liste mit Wörtern an: Sind die Schmerzen schneidend, klopfend, brennend, scharf, reißend, pochend, glühend, ziehend, hämmernd, dumpf, spitz? Sind sie quälend, grausam, erschöpfend, heftig, mörderisch, unerträglich, lähmend und so weiter? So hatte er wenigstens Anhaltspunkte und Vergleichsmöglichkeiten, und wir konnten seinen Zustand besser einschätzen.

Manchmal versuchte er heimlich, seine Schmerzen selbst in den Griff zu bekommen, und bediente sich aus dem mittlerweile großen Fundus an Pflastern, Tabletten, Tropfen und anderen Mitteln in unserem Haushalt. Er beschäftigte sich nie mit der Wirkweise der Medikamente, sondern kombinierte drauflos, wie es ihm in den Sinn kam. Dass sich manche Mittel langfristig aufbauen und das Niveau dann gehalten werden muss, indem man sehr regelmäßig in bestimmten Zeitabständen für Nachschub sorgt – das ging irgendwie nicht in seinen Kopf. Er fummelte an den Dosierungen herum, »ergänzte« Pflaster mit Tropfen und richtete insgesamt ein heilloses Durcheinander an, natürlich immer mit zusammengebissenen Zähnen.

Mit meinem geschärften Blick bekam ich es aber trotzdem mit, wenn er sich quälte. Und dann musste ich taktisch vorgehen. Auf meine Nachfragen reagierte er häufig gereizt, also schob ich oft jemand anderen vor, ohne dass Kai es mitbekam. So auch jetzt, als er nicht mehr essen konnte. Ich hielt es für sinnlos, geradezu gefährlich, noch bis Ende des Monats zu warten, ob bei der Spiegelung des Verdauungstrakts irgendetwas herauskäme. Kai verlor kontinuierlich an Gewicht und litt Schmerzen, und zwar jetzt. Also mobilisierte ich Dr. Hübner. Er stimmte mir zu, und mithilfe einer seiner Mitarbeiterinnen, Kristin Ebert, schaffte er es, einen schnellen Termin in der Klinik zu organisieren.

Kristin Ebert war sowieso meine Verbündete. Auch diesmal wieder, als es darum ging, Kai zu der baldigen Extra-Untersuchung zu überreden. Sie rief ihn an und plauderte erst mal ein bisschen, ganz unverfänglich. »Wie geht's dir denn, Kai? Hast du Silvester gut überstanden? War ja sicher viel Trubel bei euch zu Hause. Und es gab bestimmt eine Menge zu essen. Hat das geklappt? Wie sieht es denn mit dem Gewicht jetzt aus?« Und Kai packte bereitwillig aus, was er bei mir so nie getan hätte. »Ach, weißt du, Kristin. So richtig toll ist es nicht. Das Essen fällt mir wahnsinnig schwer, außerdem bleibt fast nichts drin. Deshalb habe ich auch in den letzten beiden Wochen drei Kilo abgenommen.« Kristin wusste, wie sie ihn zu nehmen hatte, nicht übertrieben fürsorglich, sondern eher sachlich und mit guten Argumenten. Auf diese Weise überredete sie ihn zu der umfassenden Untersuchung in der Klinik, damit man der Sache auf den Grund gehen könne, gleich am nächsten Tag.

Die Ärzte untersuchten sein Blut, machten Röntgenaufnahmen, führten die Spiegelung durch und sahen sich mithilfe einer Kontrastflüssigkeit an, wie die Passagen verliefen. Das Ergebnis: nichts zu finden. Es war alles in dem Zustand, wie es sein sollte. Kein entzündetes Gewebe, keine Reizungen, keine Schwellungen, keine Schlingen. Das Zwerchfellnetz hatte sich gelöst, aber daran war nichts mehr zu ändern, es war einfach kein Gewebe mehr vorhanden, an dem man es hätte befestigen können. Es gab keine Erklärung dafür, warum Kai nicht mehr essen konnte.

Ich habe es mir später damit erklärt, dass der Körper schlichtweg die Kooperation beendete. Nach der massiven Schädigung durch die große OP, der kräftezehrenden Behandlung und jetzt dem Wiederaufflammen des Krebses reagierte er sozusagen natürlich: Er machte Schluss. Die Systeme stellten die Versorgung dieses todgeweihten Körpers ein. Wahrscheinlich wäre so eine Situation schon früher eingetreten, wenn Kai nicht diesen unbändigen Drang gehabt hätte, noch alles zu regeln und in Ordnung zu bringen. Mit reiner Willenskraft hielt er sich aufrecht und setzte seine Bauvorhaben im Haus und rundherum um. Er ignorierte, dass er eigentlich körperlich dazu gar nicht mehr in der Lage war. Und jetzt hatte halt der Körper ein überdeutliches Signal geschickt.

Während Kai die Untersuchungen über sich ergehen ließ, sauste ich zwischen Büro und Klinik hin und her, wie immer eigentlich. Und mittendrin, als ich neben ihm saß und er auf einer Liege lag, auf die nächste Etappe wartend, sagte er: »Mensch, Anja, mit mir machst du schon ordentlich was mit. Es tut mir echt leid.« Ich war gerührt. »Ach, Kai, ich mache gar nichts besonders mit. Es ist halt unser Weg. Du musst ihn als Patient gehen, ich als Ehefrau. Wir gehen ihn zusammen. So ist das eben.«

Auch wenn der Körper sagt: Schluss jetzt – die Medizin sagt das noch lange nicht. Kai wurde ab sofort künstlich ernährt, und zwar »parenteral«, das heißt wörtlich »am Darm vorbei«. Die Ernährungslösung wird direkt in die zentrale Vene geleitet, und zwar über den Port. Von nun an trug Kai stets einen Rucksack bei sich, in dem sich der Beutel mit der Lösung sowie die Pumpe befanden. Man hörte Kai immer schon von Weitem, weil seine Gerätschaften im Rhythmus seiner Schritte klackerten, wenn er irgendwo entlangging. Das Allerallerwichtigste war, den Port keimfrei zu halten. Hört sich leicht an, ist aber eine Riesenaufgabe. Kai hatte schon einige Portinfektionen erlebt, unter anderem mit einem multiresistenten Keim. Und was im Port ist, dringt halt auch schnell in den Blutkreislauf ein und verursacht dann richtige Probleme, zum Beispiel gefährliche Infektionen.

Damit nichts schiefging, wurde uns eine gute Fee namens Edeltraut, zertifizierte Wundpflegerin, zugeordnet. Edeltraut war eine Klasse für sich, glasklar, nicht zu burschikos, aber doch mit festem Händedruck und deutlicher Sprache. »Herr Lauckner, es gibt nur zwei Möglichkeiten, und Sie haben die Wahl: verhungern oder nicht verhungern. Also bitte, lassen Sie die Pumpe dran, und vergessen Sie auch nicht die tägliche Infusion über den Port, damit Sie auf genügend Flüssigkeit kommen.«

Und Kai tat, was Edeltraut sagte. Sie und ich waren ein gutes Team. Edeltraut lieferte sämtliche Beutel und Flüssigkeiten, die Kai benötigte, überwachte akribisch sein Gewicht, schickte Berichte an die onkologische Praxis, wechselte dauernd die Portnadel und hielt den Port selbst in Schuss. Wenn sie nicht da war, übernahm ich ihre Aufgaben: Austausch der Beutel, Flüssigkeiten mit und ohne Eiweiß im Wechsel, Tropfgeschwindigkeit einstellen, Port spülen, Wundversorgung. Abgesehen von allen anderen Vorteilen: In der Zeit, in der Kai auf dem Sofa lag und die Infusion in sich hineintropfen ließ, ruhten seine Bauaktivitäten gezwungenermaßen.

Das Motto für 2011 lautete: Wir lassen es uns gut gehen. Wir wollen noch – und wir tun es! Dazu gehörten auch noch ein paar Reisen. Manche hielten uns für verrückt, die Strapazen, die Umstände, das Risiko und was weiß ich. Wir meinten: Warum nicht? Glaubten die anderen etwa, es lohne sich nicht mehr, weil Kai bald sterben würde? Seltsame Rechnung. Dann würde sich ja kein Urlaub im Leben lohnen, denn sterben müssen wir schließlich alle.

Im Februar buchten wir unseren Urlaub, den letzten. Es sollte ein Familienurlaub sein, ganz klar. Stundenlang beschäftigte ich die Mitarbeiterin im Reisebüro, stundenlang sprang ich im Internet von einem Bewertungsportal zum anderen, um die Katalogempfehlungen mit den Urteilen von Reisenden zu vergleichen, um ja nicht in irgendeine Falle zu tappen. Schließlich, an einem Montagnachmittag, fiel die Entscheidung: Wir fahren an den Gardasee, in ein Traumresort. Eine Freundin war gerade zu Besuch, Kai überraschte uns mit einem frisch gebackenen Gugelhupf – und das, obwohl er immer gesagt hatte, dass er niemals backen würde. Kochen ja, aber backen ... Und nun brachte er den noch warmen Gugelhupf, frisch mit Puderzucker bestreut. Er stellte den Kuchen auf den Tisch und sagte beiläufig: »Na, Anja, das wird dann ja wohl unser letzter gemeinsamer Urlaub werden.« Ich lachte: »Stimmt, das wird er wohl sein. Dann soll es auch unser bester werden.« Die Freundin war schockiert, sie konnte unseren Sinn für Humor in keinster Weise nachvollziehen und hielt uns für frivol. »Wie könnt ihr nur so reden? Also, ich könnte das nicht!«

Ich glaube, Außenstehende können die Gefühlslage, die in einer solchen Situation herrscht, letztlich nicht ganz begreifen, das ist ja auch logisch. Sie können nur versuchen, sich vorzustellen, wie es wäre, wenn … Wenn Mann oder Tochter todkrank wären oder bei ihnen selbst Krebs entdeckt worden wäre. Aber die Vorstellung ist halt nicht die Realität. Keiner kann sagen, wie er reagieren wird. Zur Krankheit gehört auch, dass man sich eventuell ganz anders verhält, als man es sich vorgestellt hat und als die anderen erwarten. Aus mutigen Haudraufs können ängstliche Hasen werden. Und Menschen, die jedes Problem mit Schwung angepackt haben, verweigern sich möglicherweise einem klärenden Gespräch. Manche halten die Krankheit sogar geheim, als wäre sie so etwas wie eine peinliche Panne im Leben.

Wir hatten nie ein Hehl daraus gemacht, dass Kai sterbenskrank war, dass es keinerlei Hoffnung für ihn gab, dass er nicht mal vierzig Jahre alt werden würde. Nur redeten wir nicht pausenlos darüber, es existierten ja auch noch jede Menge anderer Themen, und außerdem war es einfach so. Zu erörtern gab es da nichts. Vielleicht vergaß der ein oder andere unserer Freunde daher einfach, dass die Tatsache als solche bestehen blieb. Weil wir beide aber so gut in dieser Situation lebten, wie es irgendwie möglich war, konnten wir uns aufs Wesentliche konzentrieren, jeden Moment nutzen – und eben auch in vollem Bewusstsein des Kommenden unseren letzten Urlaub planen.

Doch zunächst mal verbrachten wir beide allein ein langes Wochenende in Wien. Eine gute Freundin hatte uns ein Superzimmer in einem tollen Hotel besorgt, zu extratollen

Supergünstigkonditionen. Wir fuhren mit dem Auto, Kai nur die erste kurze Strecke, dann ich den ganzen Rest von 400 Kilometern. Das Autofahren klappte nämlich bei Kai nicht mehr zuverlässig, das hatten wir schon auf einer Heimfahrt aus dem Vogtland Anfang des Jahres erlebt. Da tickte er plötzlich aus, fuhr ohne Sinn und Verstand, wie ein Irrer. Schuld waren die Nebenwirkungen seiner Medikamente, die zu Halluzinationen und Verwirrung führten. »Der Mann am Steuer« – das Bild gehörte zu seiner Vorstellung von Beschützertum, von Sorge für die Familie. In dem Bild war durchaus enthalten, dass ich ihn mal ablöste, aber die grundsätzliche Verteilung war klar: Er fuhr. Es machte Kai schwer zu schaffen, dass sich das nun umkehrte: Ich fuhr, und er übernahm mal für ein Stückchen das Steuer, aber nur, wenn es ihm wirklich gut ging.

Wien war großartig! Wir bummelten durch die Straßen, saßen stundenlang in den schönsten Cafés und tranken uns durch die unzähligen Wiener Kaffeevariationen, stöberten in Antiquitätengeschäften und ruhten uns auf der Dachterrasse unseres Hotels aus. Kai war begeistert von dem ganz besonderen Mobiliar, das dort stand, große sesselartige Stühle, die aus breiten Holzlatten gefertigt waren. Er fotografierte sie von vorn und hinten, oben und unten, weil er sie unbedingt zu Hause nachbauen wollte. Die Fotos habe ich noch. Zum Bauen ist Kai nicht mehr gekommen.

Wir lagen in der warmen Nachmittagssonne auf den Liegestühlen, mit einer Tasse Kaffee auf dem Beistelltischchen oder dem Abendcocktail, auch wenn es noch längst nicht Abend war. Machte doch nichts. Wir hielten uns an den Händen und dösten. Oder sprachen über die Zukunft.

Schmiedeten Pläne. Versuchten uns vorzustellen, was wir noch gemeinsam erleben würden. Und wie es sein würde, wenn ich allein wäre. Und wie es für ihn sein würde.

In einem Song von Bon Jovi heißt es: »I'm gonna live while I'm alive. I'll sleep when I'm dead.« Das war Kais unausgesprochenes Leitmotiv. Es bedeutete, dass er nicht viel schlief, unter anderem weil er mittlerweile so dünn war, dass er nicht gut auf seinen kaum noch von Fleisch ummantelten Knochen liegen konnte. So streunte er nachts zwei, drei Stunden durch Wien, mutterseelenallein. Schaute sich zum Beispiel einen besonderen Baukran an, der mitten in der Stadt stand. »So was gibt's bei uns nicht, wirklich!« Er machte sich unhörbar aus dem Staub, aber ich wachte trotzdem immer auf, einfach weil ich sogar im Schlaf wahrnahm, dass sich niemand mehr neben mir bewegte, nicht mehr atmete. Und mich dann sorgte und wartete, bis er unversehrt zurückkam. Auch zu Hause stand er oft nachts auf. Spätestens nach zwanzig Minuten wurde ich dann auch wach und ging auf die Suche. Manchmal fand ich ihn auf der Toilette sitzend, eingeschlafen. Oder er ging durchs Dorf spazieren. Es war wie in der Zeit, als Nils ein Baby war: Ich hatte einfach ein inneres Alarmsystem, das mich weckte, wenn sich etwas veränderte.

Auf dem Nachhauseweg gerieten wir in Wien in einen Stadtmarathon, lauter Sperrungen und Umleitungen. Kai fuhr, ich saß mit dem Stadtplan auf den Knien neben ihm und versuchte, ihn aus der Stadt zu leiten. Urplötzlich, ohne Vorwarnung, scherte er aus der Spur, fuhr an den Straßenrand und bedeutete mir mit schroffer Gebärde, die Plätze zu tauschen. Wortlos. So blieb es während der nächsten vier Stunden. Er sagte kein Wort, auch nicht am nächsten Tag, als ich ihn noch mal nach dem Grund dieser plötzlichen Aktion fragte. Er konnte nichts erklären, entschuldigte sich aber immerhin. Abrupte Stimmungseinbrüche, plötzliche Verhaltensänderungen – das gehörte zur Krankheit beziehungsweise war eine Nebenwirkung ihrer Behandlung. Es war auch eine Begleiterscheinung des Sterbens, seines sehr speziellen Beginns des Sterbens. Dagegen war nichts zu machen. Ich musste einfach lernen, damit umzugehen und es nicht persönlich zu nehmen. Ausgerechnet ich, die alles nicht zu hundert, sondern zu hundertfünfzig Prozent persönlich nimmt.

Trotzdem, das herrliche Wien-Erlebnis blieb davon unberührt. »Anja, hör mal. Im Herbst. Da fahren wir noch mal nach Wien, ja? Da spielt Roxette. Die würd ich gern sehen.« Klar, machen wir. Bestimmt.

17 Freunde

Was wären wir ohne unsere Freunde? Ich hätte die zwei Jahre von Kais Krankheit und die Zeit danach nicht überstanden, wenn ich nicht so ein gutes Netz wunderbarer Freunde gehabt hätte. Meine Familie unterstützte mich in jeder Hinsicht, aber meine Eltern und meine Schwester mit Mann und Kind wohnen weit weg, sie konnten nicht immer so viel für uns tun, wie sie gewollt hätten. Umso wichtiger waren die Freunde, die uns beistanden. Schon rein praktisch griffen sie uns enorm unter die Arme. So oft konnte Nils bei Freunden spielen und übernachten, etliche Male holten sie ihn ab und versorgten ihn, wenn Kai und ich in Wartezimmern saßen oder ich Kai im Krankenhaus besuchte, mit seinen Ärzten sprach oder ihn irgendwohin fuhr.

Manchmal schickte eine Freundin einfach eine SMS: »Hast du schon gegessen? Wie wär's, wenn du zu uns kommst? Pizza.« Ohne dass ich gefragt hatte. Einfach mittendrin ein Zeichen, dass jemand an mich dachte und sich in mich hineinversetzte, wusste, dass ich nicht genügend Zeit hatte, um einzukaufen und zu kochen.

Diese alltägliche Unterstützung ist unbezahlbar. Aber beinahe noch mehr wert ist der seelische Beistand. Trösten, in den Arm nehmen, mitweinen, unter Tränen lachen, wenn einfach ein Freund die Botschaft vermittelt: Ich bin für dich da, wir sind für euch da. Das gab und gibt mir bis heute unendlich viel Kraft, gerade in Situationen, in denen ich denke, ich schaff es nicht mehr. Allen, die mir geholfen haben, bin ich zutiefst dankbar. Ich weiß, dass es manchem nicht leichtfiel, sich auf die Situation einzustellen, gerade wenn einer schon selbst ein Päckchen zu tragen hatte. Umso glücklicher bin ich, dass sie es doch versuchten.

Bernd, einer von Kais Freunden, kam in der ersten Zeit nach der Diagnose nicht mehr zu Besuch, er brachte es einfach nicht über sich. Seine Mutter war kurz zuvor an Krebs gestorben, und als er hörte, dass Kai an Magenkrebs erkrankt war, war das zu viel für ihn. Die Erinnerungen, die Sorge, der Schmerz … Er konnte es nicht ertragen. Seine Frau richtete Bernds Grüße aus und erklärte uns, aus welchem Grund er Kai nicht beistehen konnte, zumindest erst einmal nicht. Klar, das verstanden wir sehr gut und nahmen es ihm kein bisschen übel, eher im Gegenteil. Bernd verließ sich darauf, dass wir seine Gründe nachvollziehen konnten. Und dieses Vertrauen, das er in uns setzte, machte uns froh.

Dann, zwischen Weihnachten und Silvester 2009, klingelte es eines Abends an der Tür. Bernd und seine Frau standen vor uns, mit einer großen Schachtel: Sie brachten als Geschenk einen echten Herrnhuter Weihnachtsstern mit, in Weiß. Wo wir doch allergrößte Fans der erzgebirgischen Weihnachtstradition waren. Wir freuten uns wie die Schneekönige! Über den Stern, zumal ich sie schon so lange um ihren eigenen beneidet hatte, und über die Geste als solche. Dass sie Kai zeigten, wie wichtig er ihnen war. Dass sein Freund dafür sogar seinen eigenen Schmerz überwinden konnte. Jedes Mal denke ich daran, wenn Nils und ich alljährlich im Dezember den Weihnachtsstern aus seiner Schachtel holen. Und wir erinnern uns daran, wie Kai und Bernd den Stern das erste Mal zusammenbauten. Eine Mordsarbeit, die siebzehn Vierecks- und die acht Dreieckszacken richtig zu falten und anzuordnen. Wie die beiden um die Wette strahlten, als sie das Wunderwerk fertiggestellt hatten – ein Manifest der Freundschaft.

Einige der alten Freunde sind verloren gegangen, wir haben keinen Kontakt mehr. Das mag verwunderlich erscheinen, aber liegt eigentlich auf der Hand. Freundschaften hängen von einer geistig-seelischen Übereinstimmung ab. Man lacht über dieselben Sachen, man hat ähnliche Ziele, die Werte liegen mehr oder weniger auf einer Linie. Vielleicht kennt man sich schon seit der Kindheit und ist miteinander erwachsen geworden. Und dann geschieht etwas, was in der Freundschaft zu einer Art Schlagseite führt: Der eine Teil erlebt etwas Schwerwiegendes, was ihn verändert. Nicht nur ein bisschen, so wie bei jedem Menschen Veränderungen im Laufe der Zeit auftreten. Sondern ein fundamentales Ereignis für den einen bringt die Beziehung zwischen zweien aus dem Gleichgewicht. So ist es mir auch ergangen. Kais Krankheit und Tod haben mich so verändert, dass einige Freundschaften das nicht überstanden haben.

Einerseits tut mir das sehr leid, zumal ich mich generell ungern von Menschen oder Dingen trenne. Andererseits ist es nur folgerichtig und dann wirklich besser, wenn ich nicht krampfhaft versuche, um der alten Geschichten willen etwas aufrechtzuerhalten, was keine Basis mehr hat und nur noch so aussieht, als ob. Als Kai zwei Jahre lang krank war, hatte ich deutlich weniger Zeit und Energie, die ich für Freundinnen hätte aufbringen können. Ich war vor allem mit uns beschäftigt. In den zwei Jahren habe ich mich sehr verändert, und das lässt sich nicht rückgängig machen. Nach Kais Tod war ich zwar froh, dass es vorbei war, aber an Herz und Seele sehr wund, beherrscht von dem Verlust und von der Notwendigkeit, mich neu zu ordnen.

Im ersten Jahr der Trauer genießt man noch eine Art Welpenschutz, die meisten haben Verständnis dafür, dass man manchmal nicht richtig bei der Sache ist, überempfindlich reagiert, sich Anfällen von Verschwendungssucht hingibt oder ohne erkennbaren Anlass in Tränen ausbricht. Danach erwarten sie jedoch, dass man sich »wieder halbwegs normal« benimmt. Tja, und das ist halt der Irrtum, den man kaum jemandem klarmachen kann: Es wird nie wieder so wie vorher. Es wird normal, aber das ist eine vollkommen andere Normalität als früher, mit ganz anderen Grundbedingungen. Ich verstehe, dass es für Freunde schwierig ist, sich darauf einzustellen. Manchen gelingt es einfach nicht, auch nicht nach längerer Zeit.

»Du hast dich aber schon lange nicht mehr gemeldet«, oder: »Früher haben wir uns doch regelmäßig getroffen …« Wenn Freundinnen die üblichen Zeichen der Freundschaft einfordern, fühle ich mich schnell unter Druck gesetzt. Das schaffe ich einfach nicht mehr, nicht nur, weil mir die Zeit fehlt, sondern auch, weil ich mich von einem starren Erwartungsmuster sofort eingeschränkt fühle.

Manchmal spüre ich bei ihnen auch eine gewisse Genervtheit, wenn ich über Kais Krankheit oder über meine seelische Verfassung spreche. Ich verstehe, dass die Menschen nicht immer wieder dieselbe Geschichte hören wollen, die mich selbst aber beschäftigt wie keine andere. Für sie bleibt alles, wie es nun ist: Kai ist tot, ich bin Witwe. Das ist schlimm, aber ändert sich nicht mehr, und das Leben geht weiter, nun sind andere Themen wichtiger oder zumindest aktueller. Bei mir, in mir sieht es aber nicht so aus. Es ändert sich dauernd etwas, jedoch zumeist in Bezug auf Kai und meine Stellung im Leben. Ich denke weiterhin sehr viel darüber nach, ich will verstehen, was uns geschehen ist und was das für mich bedeutet. Nach ein oder zwei Jahren können manche es aber einfach nicht mehr hören, wenn ich wieder und wieder von Kais Tod spreche oder von dem Durcheinander in meinem Herzen und in meinem Kopf. Sie meinen, dass sie das alles doch schon x-mal gehört haben und es jetzt auch mal gut sein müsse. Das kann ich nachvollziehen, ich beginne dann jedoch aufzupassen, was ich sagen kann, wenn wir uns treffen. Ich verhalte mich nicht mehr ungezwungen und spontan – und das macht alles noch schwieriger.

Ich glaube auch, manche Freunde verübeln mir unbewusst, dass ich etwas »Besonderes« bin, dass ich etwas habe, was keiner von ihnen auch nur annähernd erlebt hat. Selbst wenn es eine todtraurige Erfahrung ist, die keiner von ihnen machen möchte. Trotzdem, es ist etwas, was mich aus dem Kreis heraushebt. Wenn ich überraschend zum Filmstar aufgestiegen wäre, hätte es wahrscheinlich denselben Effekt gegeben. Auch diese Eigenschaft wäre ein wesentlicher Unterschied gegenüber den anderen. Ob es eine positive oder negative Besonderheit ist, spielt nicht die entscheidende Rolle. Es ist einfach das Anderssein, das trennt.

Noch ein Aspekt: Man glaubt gar nicht, wie sehr sich die Dynamik innerhalb eines Freundeskreises ändert, wenn auf einmal anstelle eines Ehepaares eine junge, gut aussehende, alleinstehende Frau dabei ist. Die ist mit Sicherheit, davon ist die Mehrheit überzeugt, auf der Suche nach einem neuen Mann. Das erhöht die Spannung unter den Frauen ungemein. Und manche Männer meinen, sie müssten mal schauen, ob sie Chancen hätten, ganz freundschaftlich natürlich. Ich habe manchmal den Eindruck, dass ich anders beobachtet und eingeschätzt werde, seitdem ich allein bin. Das verunsichert mich, ich fühle mich nicht mehr wohl.

So sind einige alte Freundschaften zu Bruch gegangen. Das tut mir leid, gerade bei denen, die mir in der schwierigen Zeit so geholfen haben. Aber es lässt sich nicht ändern, das ist mir nach langer Zeit des Grübelns klar geworden.

Es gibt jedoch auch neue Beziehungen, aus der Zeit der Krankheit oder nach Kais Tod. Diese Menschen kennen mich nicht von früher oder kaum, sie nehmen mir meine Veränderung nicht übel, denn sie haben mich nur so erlebt, wie ich jetzt bin. Das ist sehr angenehm, ich brauche mich nicht zu kontrollieren oder gar zu verstellen. Manche Bekanntschaften ergeben sich über den Fußballverein von Nils. Wir sehen uns samstags am Spielfeldrand, wenn wir unsere Kinder anfeuern, oder auch mal zu einer Feier oder einem kleinen Ausflug. Das ist nett, einfach nur nett, und ich freue mich auf diese Tage. Wir führen keine tiefschürfenden Gespräche, aber unterhalten uns gut über alles Mögliche. Diese Familien kennen Kai nur vom Hörensagen oder weil sie ihn früher mal ganz kurz gesehen haben. Manchmal fragt mich der ein oder andere, wie es war mit der Behandlung oder was auf der Palliativstation gemacht wird. Das erzähle ich dann gern und ausführlich. Es sind Situationen, die mich nicht anstrengen.

Auch mit Menschen, die eine ähnliche Erfahrung gemacht haben wie ich, ist es einfacher. Sie können sich, ohne dass ich viel erklären müsste, leichter in mich hineinversetzen. Sie verlangen von mir nicht, dass ich mich nach irgendeinem Muster verhalte, und beurteilen mich nicht, ob ich es gerade richtig oder falsch mache. Sie wollen einfach nur, dass es mir gut geht, dass mein Herz leicht ist. Und umgekehrt kann ich ihnen auch zeigen, dass ich sie verstehe, und ich weiß, wann einfach mal eine Wärme spendende Umarmung ohne Worte fällig ist.

Ich stelle mir meine Beziehungen zu anderen Menschen immer als Bild vor: Alles, was ich erlebt habe und was diese Ereignisse aus mir gemacht haben, sind hellblaue Bänder, die von mir ausgehen. Sie flattern herum, manche verwickeln sich, andere liegen ganz ruhig im Wind. Wenn ich einen Raum betrete, spüre ich sehr schnell, mit welchen Menschen ich in Beziehung treten kann. Da hat dann eins der Bänder einfach angedockt.

18 Sommer 2011

Egal, wie viel Mühe wir uns gaben, wie gut Schwester Edeltraut Kai betreute: Dauernd entzündete sich der Port. Die Ernährung darüber war dann unmöglich, und Kai nahm rapide ab. Er wog noch dreiundsechzig Kilo, häufig rutschte er sogar unter diese Marke. Was tun? Unsere Experten, also Edeltraut, Dr. Hübner und Kais Chirurg, schlugen eine PEJ-Sonde vor. PEJ ist das Kürzel für »perkutane endoskopische Jejustonomie«, und gemeint ist damit eine Ernährung, die direkt in den Dünndarm eingeleitet wird, über eine Sonde. Sie priesen die Vorteile in den höchsten Tönen, die Entzündungsgefahr sei wesentlich geringer, und vor allem könne man auf diese Weise viel mehr Kalorien zu sich nehmen, Kai also hoffentlich ein paar Kilo zulegen. Kai lehnte ab. Kam nicht infrage. Das sei ja ekelhaft. Mit Engelszungen redeten alle auf ihn ein und versuchten, ihn davon zu überzeugen, dass es das Beste sei. Schließlich gab er klein bei, und zwei Wochen vor unserer Reise an den Gardasee wurde die Sonde gelegt.

Zum mittlerweile vierten Mal wurde seine Bauchnarbe geöffnet und der Schlauch eingeführt. Ein kleines Schwänzchen mit dem Verschlusssystem blieb außerhalb und baumelte deutlich sichtbar, etwa wenn Kai eine Badehose trug, einfach so herum. Nach drei Tagen durfte er das Krankenhaus verlassen, somit blieben bis zu unserem Urlaub in Italien noch zehn Tage zu Hause, in denen er sich an das neue System gewöhnen konnte. Alles war anders als bisher, es gab einen neuen Rucksack, neue Beutel, einen neuen Infusionsständer. Gewöhnungsbedürftig ist die Geschwindigkeit, mit der die Nahrung in den Darm läuft: Es dauert ewig. Am Anfang waren nur zwanzig Milliliter pro Stunde erlaubt. Nachts ging es gar nicht, weil Kai dann das Gefühl bekam, einen Bären verschlungen zu haben. Trotzdem gab er sich wahnsinnige Mühe, damit er auf die tägliche Mindestmenge an Flüssigkeit und Kalorien kam. Denn das war die Bedingung für den Gardasee, sonst hätten wir nicht fahren können. Und das wollten wir unbedingt, obwohl viele, nicht zuletzt meine Mutter, meinten, dass das doch alles viel zu anstrengend sei und wir das Ganze lieber verschieben sollten. Unmöglich! Es wäre eine Katastrophe gewesen, wenn das nicht geklappt hätte. Wir waren wie versessen darauf, diesen Urlaub noch zu erleben. Und wir hatten recht damit zu fahren, es war die letzte Gelegenheit. Schon ein paar Wochen später wäre es nicht mehr möglich gewesen.

Als wir morgens früh um zwei Uhr aufbrachen, war das Auto vollgepackt bis auf den letzten Zentimeter, die Hälfte davon medizinische Ausrüstung. Kai fuhr die ersten zweieinhalb Stunden, dann war er fix und fertig und lag nur noch auf der Rückbank. Nils, der nicht eine Sekunde schlief und an einem Streifen plapperte, wurde mein Kopilot und kommentierte alles, woran wir vorbeifuhren.

Die Wettervorhersage hatte stabile fünfzehn Grad und Dauerregen prophezeit – weder das eine noch das andere stimmte. Als wir mittags in unserem Traumresort in Manerba del Garda ankamen, herrschten dreißig Grad, der Himmel war wolkenlos. Und so blieb es die ganze Zeit, bis wir wieder heimfuhren. Wir hatten ein Apartment gemietet, und Kai übernahm die Herrschaft über die Küche. Er kochte mit Feuereifer, fing schon morgens an mit Eiern und Speck, zauberte Nudelgerichte, Fleischmahlzeiten der Extraklasse und jede Menge Latte macchiato, den wir auf unserem Balkon mit Blick auf den strahlend blauen Gardasee schlürften. Kai aß sogar mit, Kinderportionen schaffte er mühelos. Ich glaube, die entspannte Atmosphäre, die wunderbare Wärme und die großartige Landschaft machten es ihm leicht, sich nicht in erster Linie als krank zu erleben. Er war locker, fröhlich.

Anders als in Bad Bocklet ein halbes Jahr zuvor gab es hier kein Programm, das wir zu absolvieren hatten. Wir machten einfach Ferien und genossen jede Stunde. Es war der schönste Urlaub, den wir als Familie je hatten. Weil Vorsaison war, waren außer uns nur noch ein paar junge Familien da, mit denen sich abends manchmal kleine Fußballturniere ergaben, an denen sogar Kai teilnahm. An den Anblick seiner riesigen Narbe und der hin und her baumelnden Sonde hatten sie sich bald gewöhnt. Alles war so schön »normal«. Dass er rund vier Monate später schon gestorben sein sollte – selbst im Nachhinein ist das unvorstellbar für mich.

Natürlich wäre Kai nicht er selbst gewesen, wenn er sich nicht doch ab und zu übernommen hätte, beim Essen oder bei einem Ausflug. Wir kletterten zur Burg von Manerba, fuhren in die Weinberge und rasten mit einem Schnellboot über den See. Letzteres hätten wir besser gelassen, denn bei schneller Fahrt knallt das Boot auf die Wellen wie auf Asphalt. Aber Kai sagte mal wieder kein Wort, dieses Mal jedoch so deutlich, dass mir bald klar war, welche Schmerzen er litt. Am nächsten Tag gab er es sogar zu, aber zu dem Zeitpunkt war es auch schon egal. Doch solche Momente waren die Ausnahme, an sich war es eine Kette von herrlichen Tagen, gemächlich, faul, heiter. Vollkommen ohne Streit.

Es war unser letzter Urlaub, aber nie hatten wir das Gefühl, »alles rausholen« zu müssen. Gerade weil wir einfach alles so laufen ließen, wie es kam, waren wir von dem Gefühl getragen, dass nichts zählte außer diesen Momenten im Hier und Jetzt, ohne Ziel und ohne Zweck.

Ich fotografierte den ganzen Tag, meine beiden Männer und natürlich die Landschaft mit allem Drum und Dran. Die alles beherrschende Farbe dieser Bilder ist Blau, das Blau des Sees und des wolkenlosen Himmels, das Blau von Kais Hosen und die blauen Streifen in seinem Hemd, in dem ich ihn am liebsten sah.

An einem Abend kam ein Sturm auf. Der Himmel wurde erst giftig lila, dann gelbbraun, heftige Böen fegten durch die Palmen und Sonnenschirme, die Boote steuerten schnell den Hafen an, Angestellte beeilten sich, Stühle und Tische von den Terrassen zu räumen – und dann zuckten Blitze aus den Wolken, wie wir es noch nie erlebt hatten. Es war ein Schauspiel ohnegleichen. Kai und ich liefen mit unseren Kameras an den See und fotografierten wie die Verrückten, wetteiferten um die besten Motive, lachten uns kaputt, wenn eine Bö uns fast umwarf, und waren ausgelassen wie kleine Kinder, die ein großes Abenteuer bestehen. Kai explodierte geradezu vor Begeisterung, niemals habe ich ihn so ausgelassen, so aus sich herauskommend erlebt wie an diesem Abend. Diese Stimmung teilt sich mir bis heute mit, wenn ich die Fotos anschaue. Immer muss ich lachen, wenn ich ihn da so sehe, in schräger Profi-Haltung, damit auch ja alles schön dramatisch auf den Fotos wirkt, oder einfach nur glücklich und begeistert, weil er so ein Schauspiel erleben darf.

Wir verlängerten unsere Zeit noch ein bisschen. Aber irgendwann war Schluss, und wir mussten zurück. Wehmütig, doch gleichzeitig hochgestimmt fuhren wir nach Hause. Wir hätten das Timing für den Urlaub nicht besser einrichten können, selbst wenn wir gewusst hätten, was dann folgte: Knapp eine Woche nach unserer Rückkehr begann die Endphase, schneller als erwartet und länger als gedacht, Kais Zähigkeit sei Dank.

Meinen Geburtstag am 23. Mai feierten wir in kleiner Runde und mit Überraschungsbesuchen von meiner Mutter samt meiner Schwester und dem kleinen Moriz bei uns im Garten. Den ganzen Tag gaben sich Freunde die Klinke in die Hand, und es war ein richtig schöner Tag. Ich bereitete nichts vor, wir bestellten einfach nur Pizza für alle, die Kai auf einem improvisierten Büffettisch aus Holzbohlen servierte. Zur Nachfeier sechs Tage später hatte meine Mutter nach Wernesgrün eingeladen. Die ganze Familie inklusive meiner Schwester samt Mann und Kind war da. Meine Mutter hatte aufgetischt, als hätte sie Hundertschaften erwartet. Die ganze Familie ließ es sich gut gehen – außer Kai. Er lag auf dem Wohnzimmerboden und hielt sich den

Bauch, ziemlich apathisch. Ich war ratlos. Das hatten wir bisher noch nicht gehabt. Schmerzen kannten wir, aber diesen Dämmerzustand ... Meine erfahrene Mutter prüfte Puls und Blutdruck: beides kaum noch vorhanden. Sie gab ihm Kreislauftropfen, sodass er am Abend immerhin in der Lage war, auf dem Sofa liegend an der Feier teilzunehmen. Dieses Mal konnten wir uns noch damit helfen.

Am Sonntag hatte er sich so weit erholt, dass wir nach Hause fahren konnten. Mittags lagen wir im Garten auf der Wiese, Nase an Nase. Kai war erleichtert, dass es ihm ein bisschen besser ging. Ich war froh, dass wir so unbeschwert im Garten liegen konnten. Noch einmal. Sogar zum Spielfest im Nachbarort schaffte er es, und wir schauten gemeinsam zu, wie Nils mit dem echten Feuerwehrauto eine Runde nach der anderen durch den Ort fuhr. Im Nachhinein wurde mir bewusst, dass dieser Sonntag Kais Aufbäumen war, nicht vor dem Sterben, sondern vor dem beginnenden Endstadium, als der Krebs sich im ganzen Körper ausbreitete.

Ab Juni lief nichts mehr ohne Morphium. Ein Bissen vom falschen Lebensmittel konnte außerdem zu einer Würge- und Brechattacke führen, die an den Nerven aller Anwesenden zerrte. Einerseits war es schön, dass Kai noch an den Mahlzeiten teilnahm, andererseits war es grässlich. Ich zählte jeden Bissen mit, führte innerlich Listen, welches Gemüse oder welches Stück Fleisch für ihn heikel war und innerhalb von Minuten wieder hochkommen konnte.

Dazu kam das Fatigue-Syndrom, das mittlerweile gehäuft auftrat. »Fatigue« heißt so viel wie »Erschöpfung« und ist eine Begleiterscheinung vieler Krankheiten, auch von der Medikation mit Morphium. Bei Krebs, zumindest bei Kai, darf man sich das aber nicht lediglich als Schlappheit oder Müdigkeit vorstellen. Es handelt sich vielmehr um einen abrupten Bewusstseinsverlust, als würde der Betreffende ins Koma fallen. Ohne Vorankündigung, einfach von jetzt auf gleich, als würde man einen Schalter umlegen. Das konnte passieren, wenn Kai eine Tasse Kaffee an den Mund führte. Mitten in der Bewegung fiel er in sich zusammen, und nur durch einen blitzschnellen Griff von mir war zu verhindern, dass es eine mittlere Sauerei gab. Oder im Auto: Wir waren kaum eingestiegen, da hing er schon im Sicherheitsgurt und war weg, komplett weg. Nicht nur für Minuten, sondern oft für Stunden. Mir war das unheimlich. Bis zum Schluss konnte ich mich nicht daran gewöhnen. Kai konnte nichts dagegen machen, nicht mal sich noch hinlegen, wenn es ihn überfiel. Es gab nicht den Bruchteil einer Sekunde, in der er noch die Botschaft an sein Hirn hätte schicken können: Bitte verzögern, ich will wenigstens den Kopf auf den Tisch legen, damit es nicht aussieht, als wäre ich im Sitzen gestorben. Aber nein, nicht mehr möglich.

Im Juli fuhren Kai und ich noch mal für ein langes Wochenende in die Berge, nach Bad Reichenhall, wo wir uns verlobt hatten. Auf dem ersten Teilstück erwischte ihn die Fatigue, noch bevor wir die Autobahn erreichten. Ich saß daneben, blickte ab und zu auf den wie leblos neben mir sitzenden Kai und fragte mich, was ich machen würde, wenn er hier im Auto sterben würde. Denn so sah er aus, wie tot. Ich nahm mir vor, auf jeden Fall zurückzufahren, nicht irgendwo unterwegs mit dem toten Kai anzuhalten und meine Eltern und die Freunde anzurufen. Ob ich es so gemacht hätte, weiß ich nicht, außerdem waren es sowieso irrsinnige Gedanken. Aber sie tauchten auf, weil die Situation als solche durch und durch absurd war – in einem Auto sitzen mit jemandem, der nicht bei Bewusstsein ist, was in dem Stadium aber als »normal« gilt, und so tun, als würde man die Zeit und vor allem die Stimmung der Verlobung wieder zurückholen können.

Eigentlich hätten wir die Reise gar nicht mehr unternehmen sollen, Kai war schon viel zu krank dafür. Er verschlief die meiste Zeit, ich saß allein im Café und las ein Buch oder fuhr herum und schaute mir die Gegend an. Kai lag im Zimmer, weggetreten. Zum Vier-Gänge-Menü am Samstagabend kam er herunter und setzte sich an unseren Tisch, um mir Gesellschaft zu leisten. Das Personal schaute seltsam berührt, weil er gar nichts zu sich nahm und so mager war. Solche Blicke waren mir aber mittlerweile längst egal. Am letzten Morgen konnte er sich nicht zurückhalten und langte zum Frühstück bei den warmen Semmeln mit Marmelade und Nuss-Nougat-Creme ordentlich zu – die Quittung kam postwendend. Krämpfe, Übelkeit, Erbrechen, Schmerzen. Ich übernahm meine Rolle als Krankenschwester, die jetzt intensiver und häufiger gefordert war, als wir gedacht hatten.

Es war unsere letzte Reise gewesen, das war uns beiden bewusst, als wir ins Auto stiegen. Es war auch kein Urlaub wie der am Gardasee: Dieses Wochenende war ein Trainingslager für das Kommende.

* * *

Ob Kai spürte, wie sich der Krebs immer weiter in ihm ausbreitete, ob er ein Gefühl dafür hatte, wie viel Zeit ihm noch blieb? Ich glaube nicht, zumindest konnte er es nicht in Worte fassen, weder für sich noch gar für andere. Er konnte ja nicht mal ohne meine Hilfsliste seine Schmerzen beschreiben. Aber dafür, für den Beginn des Sterbens, wusste ich keine passenden Ausdrücke, woher auch? Und seine Worte waren Taten, Aktivitäten. Faktisch hatten wir ja schon längst die Rollen getauscht: Ich war die Starke, die die Familie und vor allem ihn stützte, er war der Schwache, der auf Hilfe angewiesen war. Trotzdem war ihm nichts wichtiger, als für uns zu sorgen und alles in bester Ordnung zu hinterlassen. Das trieb teilweise komische Blüten, aber da ihm das Geld oft sehr locker saß, standen mir manchmal auch die Haare zu Berge. Das hätte noch gefehlt, dass wir uns zusätzlich zu den Problemen mit der Krankheit auch noch mit finanziellen Sorgen plagen mussten.

Kai war nicht zu bremsen. Er räumte Super- und vor allem Baumärkte leer, alles nur aus Gründen der Vorsorge. So standen eines Tages drei Flaschen Aperol im Keller. Auch drei Großpackungen Majoran können nützlich sein, und zwar jahrelang. Ich glaube, die letzte Prise habe ich 2015 über ein Gemüsegericht gestreut. Damit ich weiß, wie das Wetter ist, muss ich gar nicht aus dem Fenster schauen, geschweige denn vor die Tür treten. Kai sorgte mit dem Kauf von fünf Wetterstationen dafür, dass ich nur einen Blick auf eine Anzeige werfen muss. Die Stationen sind am Gartentürchen, dem Schuppen, der Haustür und der Terrasse angebracht, sodass es ganz leicht für mich ist, den präzisen Temperaturmittelwert zu errechnen. Wo die fünfte Station ist, weiß ich nicht, die habe ich nie gefunden. Und da die Batterie in dem Teil mittlerweile leer ist, sind die Anzeigen nicht mehr ganz komplett. Außerdem weiß ich immer ganz genau, welches Datum und welche Uhrzeit wir haben. Darüber hinaus lese ich die Vorhersage für die nächsten drei Tage ab – ohne dass ich dafür mehr als ein paar Schritte gehen müsste. Ja, viele werden mich darum beneiden! Im Vorratskeller standen eines Tages außerdem an die dreißig Flaschen Duschbad, Shampoo und Lotionen. Und die Werkstatt ist noch heute voll von Schachteln und Dosen mit Schrauben und Nägeln, davon auch einige in sehr ausgefallenen Maßen, aber man weiß ja nie. Nicht zu vergessen die zahllosen Packungen von Knopfbatterien; so ein Vorrat kann sehr nützlich sein, selbst wenn es nur ein einziges Gerät im Haus gibt, das mit einer solchen Batterie bestückt ist.

Größere Teile waren eine neue Home-Cinema-Anlage, mit Supersoundsystem und Blueray-Player. Auch das Pflastern sämtlicher Wege, der Carport und der Garagentoröffner verschlangen gewisse Summen. Aber alles für einen guten Zweck, also bitte, von mir aus. Bei einer Sache bin ich dann doch ausgerastet: Kai rückte mit einem Smartphone für mich an. Ich kam an einem Julinachmittag aus dem Büro nach Hause, und da lag es. Auf dem Küchentisch. Ich besaß schon ein Handy, und mit dem war ich vollauf zufrieden. Und Kai hatte natürlich keine Sparversion für mich ausgesucht, sondern etwas richtig Tolles, super Technik und erstklassiges Design. Und einen Vertrag dazu, selbstverständlich mit Flatrate und allem Pipapo. Dabei war der alte noch längst nicht abgelaufen. Ich war stocksauer über diese unsinnige Ausgabe und würdigte das Ding keines Blickes, öffnete nicht mal die Verpackung.

Kai war todunglücklich, dass ich mich kein bisschen freute. »Bitte, Anja, schau's dir doch wenigstens mal an. Das Beste, was es zurzeit gibt. Ist doch wie für dich gemacht.« Schließlich, nach einer Woche, gab er auf und meinte, dass er es nun zurückbrächte, ganz geknickt, dass er mir keine Freude machen konnte. Ich ließ mich erweichen, zugegebenermaßen auch aus egoistischen Gründen, weil mir mittlerweile der Gedanke, ein so schickes Smartphone zu besitzen, doch ganz gut gefiel.

Also bekam Kai mein altes Handy, und ich zog von da an mit dem Supersmartphone durch die Gegend. Wenn Kai vorher gewusst hätte, dass ich ihn in seinen nächtlichen Verwirrungszuständen filmen würde, hätte er sich das mit dem neuen Handy vielleicht noch anders überlegt. Aber so konfrontierte ich ihn mit einer kleinen Dokumentation seiner Ausraster. Fast jede Nacht musste er aufstehen, lange liegen konnte er mit seinem mageren Körper nicht mehr, es schmerzte ihn zu sehr. Manchmal ging er raus auf die Straße, manchmal strich er durchs Haus.

Er brauchte nur zehn oder zwanzig Minuten weg zu sein, da wachte ich schon auf. Mein inneres Radarsystem schlug sofort Alarm, wenn es neben mir kein Atmen mehr registrierte. Ich wurde nervös, machte mir Sorgen, stand auf und suchte ihn. Wenn er das Haus verlassen hatte, stellte ich mir die grässlichsten Dinge vor, beispielsweise dass er überfahren wurde, sich verlaufen hatte oder irgendwo auf einem Feld zusammengeklappt war. Manchmal fand ich ihn in der Küche oder im Wohnzimmer beim Bügeln. Er hatte schon immer gern gebügelt, aber jetzt wuchs sich das zu einer regelrechten Manie aus. Es lenkte ihn ab, weil er sich auf das genaue Arbeiten konzentrieren musste, ohne allzu viel zu denken.

Oft wusste er von seinen nächtlichen Eskapaden nichts mehr, sie verschwanden vollkommen aus seinem Kopf. Wenn ich ihm morgens sagte, dass wir uns in der Nacht vorher gestritten hatten, weil er wieder aus dem Haus gegangen war, war er vollkommen konsterniert. »Anja, du willst mir was einreden. Das stimmt doch nicht. Ich lag die ganze Nacht im Bett. Ich hätte doch wohl gemerkt, wenn ich aufgestanden wäre.« Hat er aber oft nicht. Diese Absenzen waren Nebenwirkungen der Medikamente und von ihm nicht kontrollierbar.

Einmal filmte ich ihn mit meinem neuen Smartphone, als er nachts ins Bad gegangen und dort eingeschlafen war. Ich fand ihn, als er vollkommen in sich zusammengesunken auf dem Toilettendeckel saß. Auf mein sanftes Rütteln fuhr er hoch und beschimpfte mich heftig. Weder wusste er, was er sagte, noch war ihm klar, wo er sich befand. Seine Halluzinationen gaukelten ihm vor, der Spiegel sei die Tür, durch die er zurück ins Schlafzimmer gelangen würde. Er zerrte an dem Handtuchhalter, den er offenbar für den Türgriff hielt, und war maßlos erregt, dass das Ding klemmte und die Tür sich nicht öffnen ließ. Als ich ihm meine Aufnahme dieser Szene am nächsten Tag zeigte, war er erschüttert, behauptete, dass sich das unmöglich so zugetragen haben konnte, und löschte das Video. Klar, es war nicht seine Schuld, er konnte nichts dafür. Aber ich wollte ihm trotzdem mal vor Augen führen, was ich nachts erlebte, wenn ich mich eigentlich dem dringend benötigten Schlaf hingeben wollte.

Insgesamt gab es bei Kai ab Juli nur noch Phasen von extremer Aktivität oder von extremer Müdigkeit, eben der Fatigue. Wohnzimmer streichen in der Morgendämmerung oder wie im Koma auf der Couch liegen. Am Carport bauen oder halb ohnmächtig irgendwo hocken und absolut nichts mehr mitbekommen. Offenbar gab es keine Mitte mehr zwischen solchen Zuständen, es existierte nur noch entweder – oder.

Der Sommer 2011 war schön warm, ziemlich heiß sogar. Die hohen Temperaturen förderten Kais Ödeme in den Beinen. Diese Wasseransammlungen waren Folge der nur noch unzureichenden Arbeit der Leber, die Hitze kam dazu und war Gift für ihn. Ich massierte ihn mit einer selbst erfundenen Technik, die ähnlich wie eine Lymphdrainage war, und konnte ihm damit manches Mal helfen, aber nicht immer. Ein Vorteil der Wärme war immerhin, dass wir etliche Stunden im Garten und im Freibad genossen. Wir wollten so viel Zeit wie möglich miteinander verbringen, unausgesprochen war uns bewusst, dass nicht mehr viel Spielraum übrig blieb.

Trotzdem fühlten wir uns nicht unter Druck. Über andere Menschen in vergleichbarer Lage habe ich oft gehört, dass sie einen wahnsinnigen Aktionismus entwickelten, weil sie dies und das noch mitnehmen wollten. Kais Tod war die unausweichliche Konsequenz seiner Krankheit. Dass das nicht zu ändern ist, haben wir schon sehr früh begriffen. Und so seltsam es klingen mag: Diese Klarheit bewirkte auch eine gewisse Erleichterung bei uns. Wir mussten nicht mehr dieses oder jenes Medikament noch probieren oder eine neue Therapie versuchen oder wer weiß wohin fliegen, weil man dort andere Methoden kannte. Es war unumstößlich, Kai würde sterben, und zwar bald. Einen Termin gab es allerdings noch zu absolvieren: Kai hatte sich vorgenommen, unbedingt bei Nils' Einschulung dabei zu sein, und die war Mitte September …

Ab und zu wurde er angestarrt, wenn wir auf der Wiese im Freibad lagen. Wegen der Sonde, der riesigen Narbe und weil er immer den Rucksack mit der Ernährungslösung auf dem Rücken hatte. Außerdem war er unheimlich dünn, man sah alle Rippen deutlich hervorstechen. Uns war egal, was die Leute dachten, und nach einer Weile hatten sie sich auch daran gewöhnt. Kai ging allerdings nie ins Wasser, denn es war ihm viel zu kalt. Schon vor der Krankheit war er ziemlich verfroren gewesen, jetzt noch mehr.

Kai richtete stets die Brotzeit her, sodass wir gleich losfahren konnten, wenn ich von der Arbeit kam. Er gab sich immer wahnsinnig viel Mühe damit, für jeden schmierte er Butterbrote mit dem jeweiligen Lieblingsbelag, steckte Süßspeisen zum Naschen ein, nahm Kaffee und Radler mit. Ich hätte kaum glücklicher sein können als in solchen Momenten. Schon allein dass sich Kai Gedanken gemacht hatte, was wir zusammen unternehmen könnten. Denn Ausflüge ins Schwimmbad liebten nur Nils und ich. Kai hatte es mit dem Schwimmen nicht besonders. Aber das zählte für ihn nicht. Er wollte, dass wir uns freuten und »Juchhu« schrien, wenn er sagte: »Wie wär's, wenn wir nach Immenreuth ins Bad fahren? Ich hab schon ein bisschen Proviant vorbereitet.«

Überhaupt überlegte er dauernd, wie er mir und Nils eine Freude bereiten könnte – als kleinen Ausgleich dafür, dass wir mit ihm so viel mitmachen mussten. Das stimmte mich unendlich froh, und mir wurde so leicht ums Herz, so friedlich. Wenn ich daran zurückdenke, dann sind die Bilder immer in ein glühendes, gleichzeitig sanftes Rot-Gelb getaucht. Von den Strahlen der untergehenden Sonne, von der Wärme, die uns alle einhüllte.

An einen Moment erinnere ich mich besonders, geradezu körperlich eingebrannt hat sich diese Erinnerung. Ich stieg nach ein paar Runden aus dem Wasser, trocknete mich ab und ging zu Kai, der neben dem Springerturm stand. Nils hatte sich nämlich endlich überwunden und wagte das Springen vom Brett. Kai und ich standen einen Moment dort, ohne ein Wort zu sagen, und dann umarmten wir uns. Ich kann ihn noch jetzt, Jahre später, auf meiner Haut spüren. Es war unglaublich schön, Kai fühlte sich so warm an, voller Leben. Und ich war vom Wasser noch ganz kalt und sog seine Wärme in mich auf. Es war das Gefühl, das man als frisch Verliebte erlebt, wenn alles noch ganz neu ist und man den Körper des anderen gerade entdeckt. Der Tod steht quasi schon an der nächsten Ecke – und wir fühlen uns wie ganz am Anfang. Es klingt möglicherweise wehmütig oder traurig, aber das war es nicht. Sondern es war ein Moment des höchsten Glücks und der reinsten Liebe.

Dass wir solche Momente erlebten, verdanken wir vor allem unserem offenen Umgang mit der Krankheit und dem Sterben. Weil wir beide immer wussten, wohin unser Weg führen wird und dass es kein anderes Ziel geben wird als das Ende von Kais Leben. Das macht auf eine ganz besondere

Art frei. Es entlastet von falschen, vielleicht schon angezweifelten Hoffnungen und überhaupt von allem, was unecht ist.

An dem Abend setzten wir uns auf die – gerade fertig gewordene – Terrasse in die Hollywoodschaukel. Ich hatte Kerzen angezündet und überall verteilt, der nächtliche, mild erleuchtete Garten sah wunderschön aus. Schließlich lagen wir nebeneinander – Kai passte mit seinen paar Kilo ja überall noch dazu, auch auf die relativ schmale Fläche der Hollywoodschaukel – und schauten in den Nachthimmel mit den vielen Sternen, immer sanft hin und her schaukelnd, ganz nah beieinander. »Sag mal, Kai, ich frag dich jetzt einfach: Wo willst du sterben? Wie stellst du dir das vor?«

Ich weiß nicht mehr, warum ich genau an diesem Abend diese Frage stellte. Wir wussten ja nicht, wann Kai sterben würde, vielleicht in einem halben Jahr, vielleicht schon früher, wenn auch sicher nicht in der folgenden Woche. Richtig dringend war es also nicht, andererseits: Ich glaube, es ist generell besser, über solche Dinge zu sprechen, bevor der Prozess des Sterbens eingesetzt hat. Vielleicht hat der Kranke Angst, möglicherweise ist er auch nicht mehr in der Lage, klar zu denken. So genau hatte ich mir das alles nicht überlegt, bevor ich die Frage stellte. Aber ich hatte das Gefühl, dass jetzt ein guter Zeitpunkt sei, wo wir so vertraut nebeneinanderlagen, und es für Kai beruhigend war, alles geregelt zu haben. Ein Testament hatten wir schon gemacht, ebenso die Konten und Versicherungen auf mich überschrieben, sodass es später – danach – keine Probleme geben würde.

Kais Antwort auf meine Frage, wie er sterben wolle, war absolut typisch für ihn und seine Art, sich immer hintanzustellen, selbst wenn es um etwas für ihn Wichtiges ging. Und etwas Wichtigeres als sein baldiges Lebensende konnte es ja wohl kaum geben. Aber nicht einmal jetzt machte er Gedöns, sondern sagte tatsächlich: »Weißt du, mir ist egal, wo ich umfalle.« Ich war perplex. »Anja, ich möchte nur, dass Nils und du, dass ihr beide durch die ganze Sache gut durchkommt. Ich möchte es so haben, wie es für euch am besten ist.« Mir stiegen die Tränen in die Augen, nicht vor Traurigkeit, sondern aus Liebe und aus Bewunderung, weil er sich selbst in dieser Sache zuallererst um uns kümmerte.

»Ist gut, Kai, wir machen es so. Wäre es in Ordnung für dich, wenn wir schauen, dass du auf die Palli kommst? Sobald wir merken, dass es losgeht?« Er war sofort einverstanden. Wenn wir da uneins gewesen wären … So aber war es gut. Ich wusste, was er wollte. Er wusste, was ihn erwartete.

In einer anderen Sache gerieten wir aber zunächst doch aneinander, nämlich was seine Beisetzung anging. Dass das Lied »Hallelujah« gespielt würde, hatten wir schon verabredet. Es stammt von Leonard Cohen, doch uns hatte es die Version von Jeff Buckley angetan. Kai aber überraschte mich jetzt mit etwas Neuem: mit dem Wunsch, verbrannt zu werden. Ich war strikt dagegen. Hielt das für unnatürlich, und außerdem war mir der Gedanke zuwider, dass ich an ein Grab gehen würde, in dem nur Asche lag. So ein Häufchen Asche in einer Urne, das hatte doch mit ihm nichts zu tun! »Natürlich will ich verbrannt werden. Da hast du ausnahmsweise mal gar nichts zu sagen.« Ich geriet in Rage: »Wie, da hab ich gar nichts zu sagen? Natürlich hab ich da was zu sagen.« Hatte ich nicht, das weiß ich jetzt auch. Und im Nachhinein bin ich sehr froh, dass er sich durchgesetzt hat. Dass Kai so in der Erde ruhte, wie er an seinem letzten Tag auf der Palli war – das fände ich schrecklich.

Als wir so in der Schaukel lagen und der Himmel über uns ganz nah war, da stellte ich mir vor, wie ich in nicht allzu ferner Zeit allein hier liegen würde und Kai wäre dort oben. »Kai, hast du Angst? Fürchtest du dich vor dem Sterben und vor danach, vor dem Totsein?« Er drehte den Kopf zu mir, drückte mir einen Kuss auf die Nase und meinte dann ganz entspannt: »Nein, Angst habe ich keine. Gar keine.« Kleine Pause. »Aber dass ich euch verlassen muss, dass ihr allein zurückbleibt: Das macht mir zu schaffen. Ziemlich.«

19 Interpretationen

»Also ich könnte nie so reden.« – »Das macht man doch nicht.« – »Wie kannst du nur?« Wie oft habe ich solche Bemerkungen gehört. Als Kai noch lebte und wir über die Zukunft sprachen, über meine Zukunft ohne ihn. Und nach seinem Tod, als die Menschen glaubten, sich wundern zu müssen über mein Verhalten als Witwe.

Charakteristisch für das Trauern ist meiner Ansicht nach, dass man sich – zumindest von außen gesehen – widersprüchlich verhält. Man weint und lacht, man will keinen Menschen sehen, doch kurze Zeit später begibt man sich ins dickste Menschengewühl. Das ist für andere nicht ganz einfach zu begreifen, vor allem wenn sie sich ein festes Bild gemacht haben, wie richtiges Trauern eigentlich geht. Dabei ist Trauern ein sehr komplexer und teilweise schwer nachzuvollziehender seelischer Zustand, der sich über lange Zeit hinziehen und sehr individuelle Ausprägungen annehmen kann. Trotzdem haben die meisten Menschen aus meinem Umfeld eine ganz klare Vorstellung davon, wie man sich verhalten sollte, wenn einem der Mann gestorben ist. Grob lautet sie so: Im ersten Jahr sollte man traurig sein, dann sollte man aber wieder auf die Beine kommen und dasselbe machen wie alle anderen. Ist das nicht der Fall, werden einem böser Wille, Laschheit, Wichtigtuerei oder sonst was unterstellt. Und selbst wenn man mal was vermeintlich richtig macht, kann es auch falsch sein. Hängt halt immer vom Betrachter ab.

Ich muss selbst zugeben, dass ich den Leuten reichlich Stoff für Verwirrung bot, natürlich ohne Absicht. Gerade im ersten Jahr nach Kais Tod schuf ich mir viele Oasen, in denen ich mich von der zurückliegenden Zeit erholte. Ich nahm mir Auszeiten zwischen den Momenten, in denen ich immer noch nicht glauben konnte, dass Kai jetzt tot war, nie mehr wieder zur Tür hereinkommen würde. Manchmal ging ich mit Freunden essen oder besuchte eine Weinprobe. Und ich stürzte mich in den Fasching, obwohl ich bis dahin kein Fan dieser fünften Jahreszeit gewesen war. Zum Karneval 2012, also knapp ein halbes Jahr nach Kais Tod, war mir aber sehr danach. Im Nachbarort Neunkirchen ging ich mit ein paar Freundinnen zur Faschingsparty, als Cowgirl verkleidet. Genauer gesagt: als rosa Cowgirl. Das war schon ein Hingucker! Ich traf jede Menge Bekannte, war ausgelassen, tanzte die ganze Nacht und ließ alles draußen vor der Tür, was mich niederdrückte. Ich war sicher, dass Kai oben auf seiner Wolke saß, sich freute und mir zunickte: »Anja, Daumen hoch. Du machst das gut, genau so, wie wir es besprochen haben. Du lebst dein Leben, und es wird immer besser klappen, das weiß ich.«

Ja, Kai war mit mir zufrieden, alle anderen jedoch nicht. Einige Wochen später nahmen mich Freunde ins Gebet, selbstverständlich nur, um mir zu helfen. Sie sagten, dass sich das halbe Dorf das Maul über mich zerreiße. Sie selbst würden mich natürlich nur zu gut verstehen, aber ich solle doch unbedingt meine Wirkung auf andere mehr ins Auge fassen und mich entsprechend verhalten. Als rosa Cowgirl die Nacht durchtanzen, das führe mit Sicherheit zu falschen Schlussfolgerungen. Und dass ich meinen Status bei Facebook von »verheiratet« auf »Single« geändert hatte. Da sagen doch alle: Die trauert nicht richtig, die hat Kai gar nicht geliebt, sondern bloß so getan. Ich fiel aus allen Wolken. Erst war ich irritiert, dann verstört. Zumal sich nach und nach rausstellte, dass gar nicht fremde Leute oder entfernte Bekannte so von mir dachten, sondern meine Freunde. Und dass es mir keiner von ihnen ins Gesicht sagen wollte. Sondern dass sie lieber behaupteten, das ganze Dorf wundere sich.

Dazu kam, dass nach Kais Tod eine Lebensversicherung ausbezahlt wurde und ich damit die Hypotheken, die auf dem Haus lagen, ablösen konnte. Für ein neues Auto war auch noch genug Geld da. Anja hat vom Tod ihres Mannes profitiert, dieser Schluss lag für viele dann auf der Hand.

Es hat mir zunächst ziemlich zu schaffen gemacht, dass die Leute so etwas von mir dachten. Schließlich habe ich aber aufgehört, darüber nachzudenken, wie ich sie überzeugen könnte, dass ich Kai geliebt habe und Faschingsnächte oder Schuldenabbau nichts damit zu tun haben. Es ist einfach der Unterschied zwischen Sein und Schein, den manche nicht begreifen. Vielleicht habe ich die Nacht durchgeweint, aber trotzdem am nächsten Morgen keine roten Augen. Vielleicht bin ich todtraurig und möchte mich gerade deshalb mal amüsieren, damit ich aus dieser Traurigkeit rauskomme. Und vielleicht denke ich einfach daran, dass Kai mich noch beschworen hat, ja nicht auf

Drama zu machen, sondern mein Leben zu leben, so gut ich kann.

Auch wenn sie selbst noch nie eine Erfahrung dieser Art gemacht haben: Die anderen wissen es besser. Wie es sein müsste und was ich tun sollte.

20 Anfang September 2011

Es ging rapide bergab mit Kai, das sah man ganz deutlich. Wenn ich nachmittags vom Büro nach Hause kam, erkannte ich den Unterschied zu seinem Zustand am Morgen. Kai nahm rasch ab und wog jetzt unter sechzig Kilo. Sein Schädel bekam etwas Greisenhaftes, und sein Blick wurde langsamer. Die palliative Chemo war abgesetzt worden. Er hatte vier verschiedene Substanzen versucht, jede war mit heftigsten Nebenwirkungen verbunden. Der Körper lehnte einfach alles ab.

Ende August fuhren wir trotzdem heim ins Vogtland, auf Abschiedsbesuch, auch wenn wir das damals gar nicht so genau wussten. Es gibt viele Fotos und sogar ein paar Videos, die Stimmung war gut. Abends setzten wir uns in ein Ruderboot, das auf dem Gondelteich vertäut war. Der Teich ist eigentlich kein Teich, sondern der Schlossgraben rund um die Schlossinsel Rodewisch. Arm in Arm lagen wir im Boot und sprachen über alles, was uns einfiel, kramten alte Geschichten raus, lachten über peinliche Momente, die wir gemeinsam erlebt hatten, und erinnerten einander gegenseitig an die Freunde aus der alten Clique, überhaupt an viele, mit denen wir damals, in unserer Jugend, zu tun gehabt hatten. Wir ließen unser Leben Revue passieren und freuten uns, wie viel noch lebendig vor Augen stand.

Ein paar Tage später gab es ein Treffen von Kais alter Klasse. Ich ging mit, als Notärztin quasi. Kai verließ sich in diesen letzten Wochen noch mehr auf mich als vorher schon. Er wusste, dass ich für ihn erkennen konnte, wann es genug der Anstrengung war. Er selbst war gar nicht mehr in der Lage, Entscheidungen zu treffen und sie dann auch noch in die Tat umzusetzen. Es wurde ein wundervoller Abend, obwohl Kai sich zunächst zu schwach fühlte, um überhaupt hinzugehen. Doch wir verabredeten, dass er es einfach mal versuchen sollte und wir jederzeit aufbrechen könnten. Seine alten Klassenkameraden freuten sich wahnsinnig, ihn zu sehen. Obwohl sie im ersten Moment erschrocken waren. Kai wog zwanzig Kilo weniger als früher und wirkte deutlich älter als sie alle. Das wurde mir später, als ich die Fotos anschaute, noch mal klar: dass Kai vor allem in den letzten Monaten enorm gealtert war. Sogar seine Stimme klang anders als früher, viel dunkler, ein bisschen heiser. Auf den Fotos strahlen alle, auch Kai. Und ich sowieso, weil ich mich freute, dass sich Kai so gut unterhielt. Niemand konnte sich vorstellen, dass er schon knapp vier Wochen später tot sein würde.

Am 4. September, einem Sonntag, fuhren wir mit Kais Familie – Eltern, Bruder, Schwester – nach Leipzig in den Zoo. Eigentlich Wahnsinn, 140 Kilometer hin und zurück an einem sehr heißen Tag. Kais Kreislauf war kaum noch vorhanden, er bekam eine neue künstliche Ernährung, die er aber nur schlecht vertrug. Seine Arme und Beine schwollen an. Ich wollte alles abblasen, aber für Kais Familie war es sehr wichtig, dass wir gemeinsam diesen Ausflug unternehmen konnten. Und für Kai war es ebenso wichtig. Wir machten viele Fotos, Familienbilder. Ob den anderen klar war, wie schlecht es Kai ging und wie nahe wir schon dem Ende waren – ich glaube es nicht.

Mir schien es so, als hätten wir nie mit irgendetwas hinter dem Berg gehalten, bewusst auf keinen Fall. Aber Kais eiserne Haltung und unser unbefangener Umgang mit dem, was passierte und was noch kommen würde, vermittelte dem nicht ganz so aufmerksamen Betrachter möglicherweise einen falschen Eindruck. Kai ließ nur ungern jemanden hinter die Kulissen schauen. Deshalb war er sicher auch ganz froh, dass das Treffen mit seiner Familie in einen offiziellen Rahmen eingebettet war. Vor dem Elefantengehege oder dem Raubkatzen-Pavillon spricht man einfach nicht darüber, dass man dabei ist, sich von der Welt zu verabschieden.

Kai glich mittlerweile einem Skelett. Der Krebs frisst alles, nichts ist vor ihm sicher. Erst ist das Fett dran, dann die Muskeln. Kai fror zum Erbarmen und befeuerte den Ofen, dass ich dachte, er verglüht. Für mich ist weiterhin unbegreiflich, dass Kai zwar von chronischer Erschöpfung und teilweise auch Verwirrung geplagt war, trotzdem aber noch eine kleine Bank nebst Tischchen an der Terrassenmauer baute, damit wir, in Zukunft dann vor allem ich, dort unseren Morgenkaffee nehmen konnten. In Wahrheit existierte nur noch seine Hülle, er selbst war eigentlich schon auf dem Weg in einen anderen Daseinszustand. Aber er hielt durch, bis zu Nils' Einschulung, so hatte er sich's vorgenommen.

Am Tag vor der großen Feier saßen wir bei Dr. Hübner in der Praxis, um zu besprechen, was wir jetzt machen sollten. Dr. Hübner ließ sich nichts anmerken, aber ich nehme an, dass er doch einen Schrecken bekam. Er hatte Kai wegen der Ferien einige Wochen lang nicht gesehen, und nun hing Kai da im Stuhl, konnte Dr. Hübner nicht mehr folgen, war dauernd weggetreten und schlief mitten im Satz ein. Dass es so plötzlich bergab ging, erschien auch Dr. Hübner seltsam. Er nahm Blutproben, um Leberwerte zu untersuchen, ein CT wäre empfehlenswert, eventuell würde eine Bluttransfusion Linderung verschaffen. Das könnte man alles am nächsten Tag besprechen, wenn die Ergebnisse da wären.

Der nächste Tag war Dienstag, der 13. September, der große Tag, nämlich Nils' Einschulung. Bei uns im Vogtland, damals noch DDR, war meine und vorher auch Kais Einschulung mit viel Brimborium zelebriert worden, so war es halt Brauch gewesen und ein sehr schöner dazu. In Bayern lief das alles etwas einfacher ab. Wir aber wollten zu Nils' Ehrentag auf jeden Fall ein schönes Fest mit der ganzen Familie feiern. Nach dem Termin bei Dr. Hübner telefonierte ich mit meinen Eltern und Großeltern, Kais Eltern und Geschwistern sowie den Freunden und warnte sie: dass es Kai gar nicht gut gehe und er deutlich abbaue. Selbst wenn man ihn kurz zuvor noch gesehen hatte, sei die Veränderung frappierend. Alle sollten das aber als normal hinnehmen und mit Kai umgehen wie üblich, ihm auch mal ein bisschen Zeit lassen, sich zurückzuziehen. Es sollte Nils' großer Tag sein, er sollte ihn als wunderbar in Erinnerung behalten.

Dann war es so weit, Dienstag früh. Nils war wahnsinnig aufgeregt, rannte x-mal in sein Zimmer, weil er unbedingt noch dieses oder jenes holen musste. Fragte an einem

Streifen Sachen, die man kaum beantworten konnte, ob auch alle Leute kommen würden, ob wirklich jede Lehrerin nett sei, ob er sich den Namen merken könnte und wie viele Kinder in seine Klasse kämen und so weiter. Ich war nicht viel weniger aufgedreht, das war doch wirklich eine große Sache. Unser kleiner Nils, kaum ist er auf der Welt, schon geht er in die Schule! Die sechs Jahre waren im Nu verflogen. Und jetzt erlebten wir seine Einschulung, meine Güte! Das heißt, ich erlebte sie. Kai schaffte es nicht. Er konnte nicht aufstehen, jedes Mal, wenn er sich im Bett aufsetzte, musste er sich übergeben. Es war grausam, so lange hatte er durchgehalten, immer mit dem Ziel, Nils' Einschulung zu erleben, und jetzt bewältigte er das allerletzte Stückchen nicht.

Es hatte keinen Zweck, wir mussten los. Eigentlich hätte ich Kai nicht allein zu Hause zurücklassen dürfen, in diesem Zustand, aber davon wollte er nichts wissen. »Anja, fahrt jetzt endlich, sonst seid ihr noch zu spät dran. Ich komm schon zurecht.« Nils ging vor. Er sollte einen großartigen Tag haben, ohne jede Einschränkung, ohne Trübsal, ohne Jammern. Dazu trugen wir alle bei, Kai eben auf seine Weise. Er tat mir so leid, aber anders ging es nicht, mitkommen war für ihn unmöglich.

Auf dem Schulhof war ein mächtiges Gewimmel: Kinder rannten umeinander her, die Eltern zupften an den Kleidern und Frisuren herum, Omas und Opas lächelten stolz, die Lehrer versuchten, den Lärm zu übertönen. Schließlich gingen alle in die Aula, wo die Begrüßung stattfand. Die Kinder der höheren Klassen führten für die Neulinge ein Stück auf.

Dann sangen alle gemeinsam ein Lied, bevor die i-Dötze in ihre Klassen gingen: »Einfach spitze, dass du da bist. Einfach spitze, dass du da bist. Einfach spitze, komm, wir loben Gott den Herrn …« Der Text, dieser kleine harmlose Text, fuhr mir durch Mark und Bein. Er stach mir ins Herz, mit einer Schärfe, die mich wehrlos machte. Ohne dass ich etwas dagegen tun konnte, brach ich in Tränen aus. Hockte am ersten Schultag unseres Sohnes wie ein Häufchen Elend bei den anderen Eltern in der vordersten Reihe, weinte und weinte, ohne mich beruhigen zu können, während die ganze Aula eine Strophe nach der anderen sang: »Einfach spitze, dass du da bist.« Am liebsten hätte ich die ganze Zeit nur noch geheult, laut und ungehemmt, mich nicht mehr zusammengerissen, sondern das ganze Unglück aus mir herausgelassen. »Einfach spitze, dass du da bist …«

Als wir nach Hause kamen, war Kai angezogen und lag auf dem Sofa. Ihm ging es schlecht, sehr schlecht. Ich rief Dr. Hübner an: »Was sollen wir denn jetzt machen? Kai muss sich dauernd übergeben.« Dr. Hübner meinte, dass er in die Klinik sollte, am besten auf die Palliativstation, damit er dort wieder ein bisschen auf die Beine käme. Wenn er nicht freiwillig ginge, käme er ein paar Tage später womöglich in die Notaufnahme des Krankenhauses und müsse dann dort bleiben.

Meine alte Verbündete in der Praxis, Kristin, telefonierte wie eine Verrückte, um für Kai ein Bett in der Palli zu organisieren. Solche Stationen sind ja klein, und nicht immer sind Betten frei. Ich habe keine Ahnung, wie sie es geschafft hat, jedenfalls war ab dem nächsten Tag ein Bett für Kai reserviert. Dr. Hübner schärfte mir ein, ihn auf jeden Fall dorthin zu bringen, egal wie er sich am kommenden Tag fühlen würde. »Und am besten schaut Ihr Hausarzt heute noch mal nach ihm.« Kais Antwort auf meine Erläuterungen: »Palli ab morgen ist o.k. Aber heute kommt mir kein Arzt mehr ins Haus.« Sprach's, klemmte seine Ernährungsbeutel ab und ließ sich außerdem keine Infusion mehr anlegen. Er weigerte sich einfach, absolut entschieden. Es hatte überhaupt keinen Zweck mehr, mit ihm darüber noch zu verhandeln.

Meine Eltern und Großeltern trafen am Nachmittag ein, ebenso Kais Eltern, später kamen noch Freunde aus der Nachbarschaft dazu. Nils war vollkommen aus dem Häuschen. Er packte die Geschenke aus, fiel von einem »Oh, Wahnsinn!« ins andere und konnte gar nicht genug davon bekommen, an diesem Tag die Hauptperson zu sein. Kai war immer dabei, er saß zwischen den vielen Menschen, lächelte ein bisschen, sagte wenig. Eigentlich war er schon nicht mehr da. Es saß nur noch seine Hülle dort, er selbst war schon fort, auf dem Weg.

Ab und zu, wenn er einen besseren Moment hatte und stehen konnte, ging er in den Garten. Schaute sich alles ganz genau an. Er wusste, dass er am nächsten Tag nicht wie die Male davor zum Aufpäppeln in die Palli ging, sondern dass es jetzt tatsächlich das letzte Mal sein würde. Dass er einen großen Schritt näher an das Ende herangekommen war. Es war schwer für ihn, so sehr in der Krankheit gefangen zu sein, dass er nichts mehr tun konnte, nicht mal mehr in der Aula sitzen, wenn sein Sohn eingeschult wurde. Wo das doch das große Ziel der letzten Monate gewesen war. Er hatte es nicht geschafft. Das machte ihn fertig. Alles hatte er gepackt, sein Haus gut bestellt mit Carport, neuen Wegen, Terrassenbank und allem Möglichen. Aber für die Feier in der Schule hatte es nun nicht mehr gereicht.

Am frühen Abend löste sich die Gesellschaft auf, nur noch meine Eltern halfen mir beim Aufräumen. Kai lag auf dem Sofa und schlief. Sehr klein sah er aus, gelb und leblos. Wie eine Leiche. Als ich meine Eltern auf der Straße verabschiedete, fürchtete ich mich ein bisschen vor dem Alleinsein mit Kai. So viel hatten wir schon hinter uns, jetzt zweifelte ich, ob ich der vor mir liegenden Aufgabe gewachsen war. Meine Mutter nahm mich in den Arm und sprach mir gut zu. »Anja, hab keine Angst. Wir kommen, wenn es so weit ist. Ruf an, wir sind immer für dich und für euch da, das weißt du.« Ja, das wusste ich. Und ich wusste auch, dass wir jetzt die letzte Phase begannen. Jetzt fing es wirklich an, das Sterben.

An Nils' erstem richtigen Schultag brachte ich Kai ins Krankenhaus. Er saß neben mir mit einem grasgrünen Eimer auf dem Schoß, einem fröhlich leuchtenden Haushaltseimer. Dort hinein erbrach er sich, denn es war wie am Tag zuvor: Sobald er sich aufsetzte oder gar stand, musste er sich übergeben. Wann immer ich später ins Auto stieg, kamen die Erinnerungen an diesen grünen Plastikeimer hoch. An Kais Würgen, sein schmerzverzerrtes Gesicht und vor allem an seine Augen, aus denen die Verzweiflung sprach. Als ein dreiviertel Jahr nach Kais Tod das Auto kaputt ging und ich das neue bekam, war ich richtig froh, weil es darin keine Erinnerungen gab und der Plastikeimer nur noch dann auftauchte, wenn ich daran denken *wollte*. Ansonsten füllte ich das Auto mit neuen Erinnerungen.

Kai wurde schon auf der Palliativstation erwartet. Es war ein sehr vertrautes Ankommen, wie in einem Urlaubsort, den man schon oft besucht hat. Die Schwestern und die Ärzte begrüßten Kai wie einen alten Bekannten. Er bekam das Zimmer Nr. 10. Auf der Palli sind die Zimmer nicht so nüchtern wie im Krankenhaus. Natürlich ist alles funktionell, aber die Farben sind wärmer, das verwendete Material ruft einen sanfteren Eindruck hervor. Wenn es nicht so seltsam klänge, könnte man glatt sagen, dass es wohnlich, sogar gemütlich dort ist. »Tja, jetzt bin ich also hier«, meinte Kai mit einem kleinen Seufzer, der nach Erleichterung klang.

Ich verstand ihn, mir ging es ebenso. Ich war froh, dass er hier war. Denn die Palli vermittelte ihm, genauer gesagt uns beiden, das Gefühl der Geborgenheit. Die Gewissheit, dass jetzt das Allerbeste für uns getan wurde, ohne dass wir uns selbst darum kümmern mussten. Ich konnte die Verantwortung für alles abgeben, und Kai brauchte sich keine Sorgen zu machen, dass es mir zu viel wurde. Das schafft Raum, Raum für Gefühle und für die Art, wie man miteinander die Zeit verbringt, die noch bleibt.

Jeden Morgen, nachdem ich Nils am Schulbus abgeliefert hatte, fuhr ich zur Palli, nahm dort ein zweites Frühstück in Form eines Cappuccinos und den Speisen von Kais Tablett, das immer unberührt war, saß auf dem Balkon von Kais Zimmer und blinzelte in die Sonne. Meistens kam um die Zeit die Physiotherapeutin und massierte Kais angeschwollene Arme und Beine. Sie und ich unterhielten uns über alles Mögliche, lachten viel. Kai beteiligte sich anfangs an den Gesprächen, nach ein paar Tagen aber kaum noch, dann schaffte er es einfach nicht mehr. Der Arzt bestätigte mir, dass Kai in letzter Minute »eingecheckt« hatte. Er hatte schon Blut erbrochen und wäre zweifellos in der folgenden Nacht in die normale Abteilung eines Krankenhauses eingeliefert worden. Trotzdem, ich war letztendlich froh, dass wir so lange gewartet hatten und Kai wenigstens teilweise an Nils' Einschulungsfest hatte teilnehmen können.

Nach wie vor war unklar, warum sich Kai dauernd übergeben musste und außerdem rasende Kopfschmerzen hatte. Es wurde ein MRT von seinem Kopf gemacht. Darauf war deutlich zu erkennen: Es befanden sich Metastasen in den Hirnhäuten. Sie verursachten einen massiven Druck, der sich wie bei einer Migräne oder einer Hirnhautentzündung mit stechenden Schmerzen äußerte. Der Druck verstärkte sich außerdem im Sitzen oder Stehen, sodass heftige Übelkeit auftrat. »Wir sollten ihn bestrahlen, Frau Lauckner. So kann Ihr Mann die letzte Phase mit weniger Schmerzen und etwas wacher erleben, Abschied nehmen. Wir sollten bald anfangen.«

Im Grunde hielt sich Kai ganz wacker. Zwar war er oft ein bisschen abwesend, aber insgesamt ging es ihm den Umständen entsprechend gut. Durch die Massagen und die gute Einstellung der Schmerzmittel konnte er ab und zu sogar aufstehen, sich selbst waschen und eigenständig mal einen Kaffee oder eine Limonade trinken. Er konnte sich jedoch nichts mehr merken und erzählte seine Geschichten immer wieder. Ich hörte sie mir jedes Mal an, als ob es das erste Mal wäre, und gab interessierte Kommentare dazu ab. Denn ein Spiel hielt ich eisern durch: Kai durfte niemals durch eine nachlässige Reaktion den Eindruck bekommen, dass er kein vollwertiger Mensch mehr wäre.

Es ging ihm so gut, dass mich sogar eine Sorge beschlich, die ich mir kaum selbst eingestand: Ich fürchtete, dass Kai noch einmal nach Hause kommen könnte. Dass das ganze Drama bei uns wieder anfinge, die Halluzinationen, die Fatigue, das Erbrechen, das Elendsein. Nach den vergangenen Monaten fühlte ich mich dem einfach nicht mehr gewachsen. Der Arzt beruhigte mich: »Frau Lauckner, machen Sie sich darüber keine Gedanken. Das wird nicht eintreten. Ihr Mann wird nicht mehr nach Hause zurückkommen, er wird nicht mehr so lange leben. Die Bestrahlungen helfen ein bisschen, aber sie ändern nichts. Ich sage Ihnen das ganz offen, weil Sie es sowieso wissen. Und weil Sie stark genug sind, um das auszuhalten.«

Ich war froh, sehr froh. Es hört sich vielleicht egoistisch an, aber das war es nicht. Hier auf der Palli ging es Kai besser als bei uns zu Hause. Hier war er in den besten Händen, hier war alles auf ihn eingerichtet. Außerdem: Ich wünschte ihm, dass es bald vorbei wäre, dass er die Quälerei hinter sich lassen konnte, dass er ohne Schmerzen und der Kampf beendet wäre.

Kai bekam Besuch, jeden Tag. Seine Freunde schauten nach ihm, seine Familie kam, sogar meine Schwester mit dem kleinen Moritz aus über 500 Kilometer Entfernung. Sie blieb bei mir und hielt auch meinen Haushalt einigermaßen in Schuss, denn ich war eigentlich immer unterwegs und konnte mich kaum noch um etwas kümmern. Meine Schwester ist der Mensch, der meine Seele am besten kennt.

Ohne dass wir darüber sprechen müssen. Ursprünglich wollte sie nur kurz bleiben und dann zu meinen Eltern weiterfahren, nun aber änderte sie ihren Plan: »Anja, ich glaube, es ist besser, wenn ich hierbleibe. Ich bin da, so lange es nötig ist. Bis zum Ende.« Ich hatte sie nicht darum gebeten, aber als sie mir sagte, dass sie bleiben würde, stiegen mir vor Erleichterung die Tränen in die Augen. Jemanden bei sich zu haben, mit dem man über alles reden kann, aber nicht reden muss – etwas Schöneres kann es gar nicht geben.

Wenn ich morgens um halb neun auf die Station kam, erwarteten mich Geschichten von Kais nächtlichen Kapriolen. Es war immer etwas: Einmal hatte er so viel Kaffee in seinem Bett verschüttet, dass es komplett neu ausgestattet werden musste, alles war pitschnass. Kaffee war wahnsinnig wichtig für ihn. Ich glaube, das war das Vehikel für alles. Wenn es ihm schlecht ging: Bitte hol mir einen Kaffee. Wenn es ihm gut ging: Jetzt hätte ich Lust auf einen Kaffee. Zuversichtliche Gedanken oder Schwermut: Ein Kaffee wäre schön. Meist trank er nur ein oder zwei Schlucke davon, dann war er so müde, dass ihm die Tasse aus der Hand fiel, wie eben auch mal nachts.

Ein anderes Mal kam ich morgens auf der Palli an und hörte, dass er in der Nacht zuvor mit seinem Rollstuhl auf den Balkon gefahren war, um eine zu rauchen. Offenbar befiel ihn eine Fatigue-Attacke, jedenfalls kippte er aus dem Rollstuhl und lag auf dem kalten Balkonboden. Wie lange, weiß niemand. Eine Schwester entdeckte ihn zufällig, weil sie etwas im Nachbarzimmer erledigte und auf den Balkon hinausschaute. »Er hätte sich den Tod holen können« – so sagt man ja. Bei Kai wäre es albern gewesen, das noch zu sagen, der Tod stand ja schon bereit. Aber eine Lungenentzündung hätte alles noch viel schmerzhafter gemacht. Gott sei Dank, dass auch diese Episode glimpflich abging.

An dem Wochenende nach Kais Einzug in der Palli kamen meine Eltern. Meine Mutter ging mit dem kleinen Moritz zu Kai, mein Vater begleitete Nils zu einem G-Jugend-Fußball-Match. Ich atmete mal durch und genoss den Anschein von Normalität. Das Wetter war wunderbar, die ganze Zeit von Kais Einzug in die Palli bis zu seinem Tod. Es war noch mal ein Aufbäumen des Sommers, sehr warm und kein Tropfen Regen. Wir nutzten die Gelegenheit und veranstalteten im Garten ein Familien-Tischtennisturnier. Es war eine Mordsgaudi, wir lachten und waren stolz auf jeden gelungenen Ballwechsel, feuerten einander gegenseitig an und waren so ausgelassen wie kaum sonst. Als wäre nichts. Als läge nicht Kai ein paar Kilometer entfernt im Sterben. Ab und zu hielt jemand kurz inne und schüttelte den Kopf, wenn er daran dachte, dass normalerweise Kai mit von der Partie gewesen wäre. Und dann spielten wir weiter. Freuten uns am Leben und daran, dass wir noch eine Weile hier auf dieser Seite bleiben würden, während Kai auf die andere ging. Als ich Kai davon erzählte, war er froh. Er lächelte und freute sich für uns, dass wir so einen schönen Sonntagnachmittag erlebt hatten. Er wollte es so: dass es uns gut ging.

Auch die Schwestern, denen ich davon erzählte, mit einem kleinen Anflug von schlechtem Gewissen, bestätigten mich. »Frau Lauckner, genau so ist es richtig. Machen Sie das, wonach Ihnen und Ihrer Familie ist. Denn so ist es echt. Nicht gekünstelt, nicht aus der Schublade, nicht dem Klischee oder den Vorstellungen anderer entsprechend. Sie erleben im Moment beides: den Tod und das Leben. Und es gehört beides zusammen. Also, vergnügen Sie sich mit Ihrer Familie, wann immer Ihnen danach ist.«

An dem Montag begann die Bestrahlung seines Kopfes, um die Hirnhautmetastasen halbwegs in Schach zu halten. Es war die erste Bestrahlung, die wir überhaupt erlebten, und deshalb sehr spannend. Ich durfte Kai in die unterirdischen Kammern der Radiologie begleiten. Das war auch gut so, denn er konnte nicht allein auf die Bestrahlungsliege klettern, war einfach zu schwach dafür. Normalerweise sind die Patienten, die dort bestrahlt werden, noch einigermaßen fit und können sich selbst hinlegen, Kai nicht mehr. Zwei Mitarbeiter der Radiologie und ich zerrten und schoben ihn auf die Liege. Unglaublich, wie schwer jemand sein kann, der doch nur noch so wenig wiegt und aus Haut und Knochen zu bestehen scheint. Für Kai war es eine Tortur, er stöhnte und war ganz verkrampft vor Schmerzen. Am nächsten Tag waren zwei weitere Männer dabei, und wir hievten ihn zu fünft auf die Liege. Die Bestrahlung sollte fünf Minuten dauern, ein Klacks. Aber nur, wenn man einigermaßen fit ist und weiß, was man tut. Für Kai war es schier unerträglich, fünf Minuten unbeweglich liegen zu bleiben. Und das musste sein, damit die Bestrahlung exakt auf die Stelle traf, die behandelt werden sollte.

Kai wurde von Tag zu Tag müder. Anfangs lächelte er noch und gab mir einen Kuss, wenn ich morgens um halb neun bei ihm ankam. Als er nicht mehr sprechen konnte, verzog er nur noch die Lippen ein wenig, aber ich wusste, dass er lächelte, egal wie verzerrt sein Gesicht war. Er wusste immer schon, dass ich im Anmarsch war, denn er erkannte mich am Schritt. In den Krankenhausfluren hallten meine kräftigen Schritte, und ich gab mir auch keine Mühe, besonders leise zu sein, denn Kai wartete auf dieses Klack-klack, das mir vorauslief. Und die anderen störte es nicht.

Ich erzählte ihm, was ich am Tag zuvor noch erledigt hatte, was Nils in der Schule erlebt hatte, welche Neuigkeiten es in der Nachbarschaft gab und dieses und jenes. Wir saßen auf dem Balkon, schauten in die Bäume, hörten Musik, oder ich las ein Buch, wenn Kai weggedöst war. Oft sang ich ihm auch etwas vor, am liebsten den »Irischen Segen«. Ich hatte das Lied kurz zuvor das erste Mal gehört, beim Abschluss einer Kinderbibelwoche, an der auch Nils teilgenommen hatte. An dem Sonntag gab es einen Familiengottesdienst, zu dem nur Nils und ich gingen. Kai wollte noch rasch etwas zusammenbauen, typisch. Die Kinder gestalteten den Ablauf, und dann sangen wir alle zusammen am Schluss sämtliche Strophen des »Irischen Segens«.

»Möge die Straße uns zusammenführen
und der Wind in deinem Rücken sein.
Sanft falle Regen auf deine Felder
und auf dein Gesicht der Sonnenschein.
Und bis wir uns wiedersehen,
halte Gott dich fest in seiner Hand …«

Mich packten der Text und die Melodie, direkt ins Herz ging mir das Lied. Es ist ein bisschen wehmütig, ein Abschiedslied eben, aber doch von großer Zuversicht getragen. Es drückte genau das aus, was mich bewegte, wie ich mich fühlte. Als wir nach Hause kamen, war ich noch ganz erfüllt davon und sang Kai das Lied vor. Ihm ging es genauso wie mir. »Anja, wie schön. Nächstes Wochenende komme ich mit. Vielleicht können wir ja dann auch mal öfters zusammen in die Kirche gehen.« Aber dazu kam es nicht mehr, weil er kurz darauf schon auf die Palli zog. Dieses Lied aber hat mich während der ganzen Sterbephase begleitet, und ich habe es ihm – und mir – oft vorgesungen.

Zur Arbeit ging ich nicht mehr, seit Kai auf der Palli war. Mein Chef hatte sofort von sich aus gesagt: »Bitte, Anja, Arbeit spielt doch jetzt gar keine Rolle. Nehmen Sie sich die Zeit, die Sie für Kai brauchen. Es gibt jetzt wichtigere Dinge als die Arbeit.« So lebte ich in einer seltsamen Zeitblase, wenn ich dort auf der Palli war. Wir befanden uns irgendwie außerhalb des normalen Lebens. Ich merkte, wie sich Kai weiter entfernte, wie die andere Welt ihm schon näher war als diese. Und auch das war schön. Es ging langsam, in seinem Tempo, und ich stellte mich darauf ein. Diese Tage waren eine sehr friedliche, liebevolle Zeit. Wir nahmen voneinander Abschied, indem wir so eng zusammen waren.

Wenn Besucher kamen, empfand ich sie oft als störend, als Unterbrechung dieser Innigkeit. Ich verstand es ja, dass alle noch mal zu Kai wollten. Aber das Zimmer war nicht besonders groß, und wenn dann ein Pulk Leute um Kais Bett stand, war mir das alles zu viel. Ich fühlte mich beengt und hatte Sorge, dass auch Kai sich eingekreist empfinden würde. Manchmal ergriff ich einfach die Flucht und setzte mich zu den Krankenschwestern oder ging in den Raum der Stille, eine Art überkonfessioneller Gebets- und Meditationsraum auf der Station. Da kam ich dann wieder zur Ruhe, konnte mich sammeln und die schlechten Gedanken wegschieben, dass die anderen Menschen mir etwas von der kostbaren Zeit mit Kai nahmen.

Beinahe wäre diese Zeit schon nach knapp einer Woche zu Ende gewesen: Kai fiel ins Koma. Eine meiner Lieblingsschwestern rief mich abends an, als meine Eltern, meine Schwester, die Kinder und ich beim Abendbrot saßen. »Frau Lauckner, irgendwas stimmt nicht mit Ihrem Mann. Er gefällt uns gar nicht. Vielleicht möchten Sie noch mal vorbeischauen?« Die Nachricht traf mich wie ein Blitz: Vorhin war doch alles noch gut gewesen, jetzt sollte ich noch mal kommen! Vielleicht, weil es zu Ende ging? Womöglich starb er in den nächsten Minuten. Oder war schon tot, wenn ich eintraf, selbst wenn ich wie eine Verrückte fahren würde. Mein Herz raste. Ich ließ alles stehen und liegen und fuhr los.

Niemals, in meinem ganzen Leben nicht, werde ich den Anblick vergessen, der sich mir bot, als ich Kais Zimmer betrat. Er lag im Bett, die Schmerzpumpe war abgestellt. Es war so still, man hörte kaum etwas von außen. Kai lag vollkommen bewegungslos da und rührte sich nicht. Ein Bild des Friedens, ganz anders als sonst. Ganz entspannt, ohne jede Falte im Gesicht, glatt und fein wie ein Baby. Er wirkte schon nicht mehr richtig irdisch. Die Schwester hatte mir gesagt, dass die Ärzte sich seinen Zustand nicht erklären konnten, und so fing ich an, den bewusstlosen Kai zu überreden, noch ein wenig zu bleiben. »Kai, komm, das geht jetzt ein bisschen zu schnell. So hatten wir es doch nicht ausgemacht. Du kannst jetzt noch nicht gehen, wir haben doch noch gar nicht richtig Abschied genommen. Ich glaube, ich habe noch gar nicht alles gesagt, was ich dir mit auf den Weg geben wollte. Bitte, Kai, bleib noch ein bisschen.« Ich berührte ihn, an den Armen, den Händen, streichelte sein Gesicht und küsste ihn, viele Male. Ganz sachte, denn er wirkte so zart und fein, wie hauchdünnes Glas. Ich fürchtete, eine unbedachte Bewegung von mir könnte ihn zerbrechen. Er atmete gleichmäßig, allerdings sehr flach. Ich zählte die Sekunden zwischen einzelnen Zügen und war jedes Mal froh, wenn er noch einmal Atem holte.

Der Chefarzt Dr. Schulze kam extra noch einmal in die Klinik. »Herr Lauckner, was machen Sie denn für Sachen? Wir haben doch gerade mit dem Bestrahlen angefangen, damit Sie Erleichterung finden, und Sie wollen schon gehen.« Ich höre noch seine Stimme, sie war gefühlvoll, keine der üblichen Ärztefloskeln. Er gab mir das Gefühl, dass Kais »Antwort« sehr wichtig sei, dass Kai nicht irgendein Patient war, sondern jemand, an dem ihm sehr viel lag. Und dass Kai sich deshalb nicht einfach so wegstehlen sollte.

Kai rührte sich nicht. Wie sich nach einem Schnelltest herausstellte, lag er im hypoglykämischen Koma, dem Zuckerschock. Sein Zuckerwert war so niedrig, dass man damit eigentlich gar nicht lebensfähig war. Keiner konnte sich erklären, wie es dazu gekommen war. Kai erhielt gegen die Schwellungen im Kopf massenhaft Kortison, was normalerweise den Zuckerwert in die Höhe treibt. Nicht so bei ihm. Als Gegenmittel bekam er Spritzen mit hochdosierter Glukose.

Meine Eltern kamen dazu. Ich war riesig froh darüber. Denn als Kai schließlich aufwachte, blickte er mich grimmig an und sagte dann: »Du bist schuld! Du hast mir meinen Zucker gestohlen!« Er sprach undeutlich, nuschelig, aber ich verstand trotzdem jedes Wort. Ich sollte ihm seinen Zucker gestohlen haben! Menschen mit hypoglykämischem Schock leiden an Bewusstseinsstörungen, denn der Zuckermangel beeinträchtigt die Hirnfunktionen, und deshalb darf man nicht alles für bare Münzen nehmen, was sie sagen. Theoretisch ist das klar, praktisch traf es mich nach dem Schrecken wie eine Faust, besser gesagt wie ein Stich. Ich lief heulend nach draußen. Meiner Mutter gelang es, mich mit ihren medizinischen Fachkenntnissen davon zu überzeugen, dass Kai es nicht böse meinte, dass er mir auf keinen Fall bewusst irgendeinen Vorwurf machen wollte. Ich hockte mich auf einen der Stühle im Flur, vollkommen erschöpft.

Meine Mutter kümmerte sich inzwischen um Kai. Er war froh, dass sie da war, und bedeutete mit einer Geste, dass er ihr etwas Wichtiges anvertrauen wollte. Sie beugte sich zu ihm, und Kai flüsterte: »Elke, ich habe gerade einen Irrsinn geträumt wie noch nie zuvor. Aber dabei wurde mir mal wieder bewusst, was für einen Mist die Anja anstellen kann. Bitte, versprich's mir: Du musst immer sehr gut auf sie aufpassen!« Meine Mutter versprach es ihm hoch und heilig. »Du brauchst dir gar keine Sorgen zu machen, Kai. Ich passe sehr gut auf sie auf.«

Lieber Gott, was für ein Abend! Ich bin froh, dass Kai nicht in dieser Nacht gestorben ist. Für ihn wäre es vielleicht besser gewesen, leichter. Doch er nahm nie den einfachen Weg. Kai machte alles gründlich und reizte alles bis aufs Letzte aus. So auch seine letzte Tat. Aber die Generalprobe hatten wir zumindest schon mal hinter uns.

21 Schwankend

In der Zeit, nachdem Kai gestorben war, habe ich mehrere Trauerratgeber gelesen. Das heißt, ich habe sie nur angefangen, aber dann weggelegt. Weil keiner wirklich hilfreich für mich war. Sie waren zu theoretisch, zu allgemein. Natürlich ist es ganz nützlich, wenn man weiß, dass es verschiedene Phasen des Trauerns gibt. Aber das bereitet einen nicht auf das vor, was man selbst tatsächlich fühlt, wie einem die anderen Menschen begegnen und worauf man sich gefasst machen muss. Es traf alles nicht auf mich zu, jedenfalls nicht hundertprozentig. Das ist ja auch ganz klar, so ein Ratgeber wird für Tausende von Lesern geschrieben, und da jede Geschichte und jede Erfahrung mit dem Tod und dem Leben etwas ganz Besonderes sind, können solche Ratgeber nur allgemein sein.

Was mir zu schaffen macht, ist die Unsicherheit meiner Verfassung. Ich habe schon ein paar Mal gedacht: Jetzt ist es gut, jetzt habe ich es hinter mir, ich bin halbwegs stabil. Und dann passiert irgendwas Unvorhergesehenes, und ich merke, dass ich überhaupt nicht belastbar bin. Dass mich Kleinigkeiten umhauen. Das kann beispielsweise das übersehene Ablaufdatum einer Scheckkarte sein. Vor einiger Zeit musste ich auf der Rückfahrt von einem Besuch bei meiner Schwester tanken. Als der Tank voll war und ich bezahlen wollte, stellte der Kassenmensch fest, dass meine Scheckkarte nicht mehr gültig war. Ich hatte weder eine andere Karte dabei noch Bargeld. Eine blöde Situation, aber nun wirklich keine Katastrophe. Für mich schon. Ich war vollkommen aus der Bahn geworfen. Als ob die Welt zusammenbräche. Dabei war der Tankwart sehr nett, schlug vor, dass ich zu meiner Schwester zurückfahren und dort Geld holen sollte. Sogar ohne dass ich ein Pfand hinterlegen musste, ließ er mich weg. Trotzdem, ich war fix und fertig, weinte ununterbrochen, als ob meine Existenz bedroht wäre. Der arme Nils war vollkommen irritiert und fing ebenfalls an zu weinen.

Es ging natürlich alles gut, ich bekam genügend Geld von meiner Schwester, aber das Ganze war ein ordentlicher Schuss vor den Bug. Auch das Nachhausekommen in das leere Haus war dieses Mal so schrecklich wie schon lange nicht mehr, ich fühlte mich nicht allein, sondern einsam wie noch nie. Heute denke ich, warum habe ich mich nur so angestellt, wieso ging mir die Lappalie so an die Nieren? Das war doch nichts. Stimmt, es war nichts, fast nichts. Aber irgendwo in dieser Situation gab es etwas, das rührte an einen wunden Punkt. An irgendetwas, das ich sonst gut versteckt halte, sogar vor mir selbst.

Ich weiß nicht, was es war, vielleicht einfach die Tatsache, dass ich allein war. Dass sich niemand darum kümmert, ob ich meine Dinge in Schuss halte oder nicht. Dass niemand für mich einspringt, wenn es eine Panne gibt, sondern ich ganz allein dafür verantwortlich bin, was mir geschieht. Im Kopf weiß ich das natürlich, aber es ist etwas anderes, wenn es mir vor Augen geführt wird, ohne dass ich darauf vorbereitet bin. Wenn mich die Erkenntnis überfällt, dass ich in einem existenziellen Sinne allein bin.

Ich frage mich, ob dieses Gefühl jemals ganz verschwinden wird.

22 Ende September 2011

Ab und zu kam Nils mit auf die Palli, je nachdem, ob er Lust hatte. Wir aßen dann gemeinsam zu Abend, so ließ sich ein bisschen normales Familienleben simulieren. Am Dienstag der letzten Woche bastelten Nils und Kai an ihren Legobauten herum. Die beiden waren schon immer das Legoteam schlechthin. Da ging es nicht etwa um kleine Häuschen oder Ähnliches, vielmehr konnten sie Stunden und Tage damit verbringen, Polizeistationen mit Hubschrauberlandeplatz, Feuerwehrautos, Flugzeuge und Motorboote zu bauen. Auf der Palli ging es um kleinere Modelle. Nils hatte die Teile für ein Auto dabei, das er mit seinem Papa gemeinsam stecken wollte. Kai setzte sich ein letztes Mal zu uns an den Tisch, Nils schüttete seine Teile aus, und die beiden fingen an, wie immer, nach dem bewährten System. Doch es klappte nicht, Kai konnte kein Legoauto mehr zusammenbauen. Seine motorischen Fähigkeiten ließen das nicht mehr zu, das Drücken und Feststecken der einzelnen Teile schmerzten ihn so, dass er aufgeben musste.

Nils verstand natürlich nicht, warum sein Papa nicht mehr mit ihm Lego spielen konnte, und war ein bisschen sauer. Ich sprang ein, und wir beide steckten das Auto zusammen – nicht ohne Kai permanent zu fragen, ob wir jetzt dieses oder jenes Teil nehmen sollten und ob wir alles richtig machten. Für Kai war es ein schwieriger Moment, er hatte schon viel Schlimmeres überstanden, erlebt, wie seine körperlichen Fähigkeiten immer weniger wurden. Aber der Lego-Vorfall, der war so plakativ, gerade weil es eigentlich im Vergleich mit den anderen Einschränkungen so wenig war. Kai war schockiert und tieftraurig: »Wieder etwas weg vom Leben. Ausgerechnet. Nils.« Das schmerzte mehr als vieles andere.

Nach diesem Vorfall ging Nils nicht mehr mit ins Krankenhaus. Ich glaube, er spürte, dass dies der Wendepunkt war, dass sein Papa nicht mehr der war, den er kannte.

In diesen letzten Tagen schmolz alles in diesem Krankenzimmer zusammen, die Schmerzen des Verlusts und des Weggehens auf der einen Seite, die Momente reinster, innigster Verbundenheit auf der anderen. Ich wuchs über mich selbst hinaus, war zu Dingen fähig, die ich mir selbst niemals zugetraut hätte. So zum Beispiel, als Kai sich versehentlich den Zugang für die Infusionen herausriss. Sein Körper war so ausgemergelt, dass alles ganz lose saß und bei einer unbedachten Bewegung eben rausflog, wie dieser Zugang. Sofort lief Blut aus dem durchlöcherten Gefäß, und zwar jede Menge. Ich schnappte mir eine Nierenschale, die auf Kais Nachttisch stand, hielt sie unter die offene Stelle und drückte gleichzeitig den Notfallpiepser. Normalerweise kann ich keine offenen Wunden sehen, geschweige denn richtig laufendes Blut. Wenn ich aus Versehen doch damit konfrontiert werde, lande ich ohnmächtig auf dem Fußboden. Dieses Mal nicht.

»Anja, geh ruhig raus, ich halt das schon, brauchst nicht hierzubleiben.« Kam nicht infrage, in diesem Moment war es die normalste Sache der Welt für mich – es machte mir überhaupt nichts aus. Ich war wahnsinnig stolz auf mich – und Kai war es auch. Natürlich wächst man mit seinen Aufgaben und gewöhnt sich an vieles, was man vorher für undenkbar gehalten hat. Aber ich glaube, hier war es noch etwas anderes. Es war einfach dieses Gefühl, dass man untrennbar zusammengehört und deshalb nicht weggeht, wenn Not am Mann ist, nicht mal für ein paar Minuten.

Der schönste Moment war der, als wir uns voneinander verabschiedeten, auf sehr besondere Weise. Nicht mit Worten, sondern in einem Hochgefühl des Beieinanderseins, seelisch und körperlich. Es war ungeplant, nicht angekündigt im Sinne von »jetzt müssen wir einander Adieu sagen«. Es ergab sich in dem Moment, in dem es so weit war, ganz von selbst. Ich nahm den Schwestern Arbeit ab, wo ich konnte, so auch bei der Pflege, und duschte Kai selbst, wann immer es möglich war. Auch an diesem Tag schob ich Kai in die Dusche und hob ihn auf den Kunststoffstuhl, der in der Kabine stand. Ich drehte das Wasser auf und wartete, bis es genau die Temperatur hatte, die er ertragen konnte. Dann tröpfelte ich etwas von seinem Lieblingsduschbad auf den sehr weichen Waschlappen und strich in sanften Kreisen über seinen Rücken, berührte ihn vorsichtig, mit aller Liebe, die man in eine Bewegung geben kann. Das warme Wasser floss über ihn, mein Kleid wurde ganz nass, aber das spielte überhaupt keine Rolle. Der Dampf hüllte uns ein, nahm jedem Detail die scharfe Kontur und versetzte uns in eine ganz eigene Welt, in der nur wir beide existierten. Kai lehnte sich voller Liebe und zugleich in äußerster Schwäche an mich, sein Kopf an meiner Brust. Mir schien, dass der noch winzige verbliebene Rest von Kais Stärke und Willenskraft in meinen Körper strömte. Als wollte er mir das letzte bisschen geben, das er noch hatte. Es war der vollkommene Augenblick.

Fällt es schwer, sich das vorzustellen? Ja, ich kann nachvollziehen, dass nicht jeder die Vollkommenheit eines solchen Moments fühlen kann, wenn ein von Krebs zerfressener Körper, wenige Tage vor dem Tod, und eine junge kräftige Frau so innig verbunden sind. Und doch war es so. Weil wir die unabwendbare Tatsache seines Sterbens akzeptierten. So konnten wir uns auf das letzte Wesentliche konzentrieren – auf das Leben und auf den Tod. Und auf die Zeit dazwischen.

Natürlich gibt es diese Zeit rein physikalisch nicht, entweder man lebt oder man ist tot. So würde man jedenfalls einen wissenschaftlichen Einwand formulieren. Aber jenseits aller Wissenschaft gibt es doch eine Zwischenphase. Es ist die Zeit kurz vorher, die den Sterbenden hellsichtig macht, die seine Seele größer werden lässt, während der Körper kleiner und schwächer wird. Bei Kai war es jedenfalls so, und ich habe es auch von anderen Fällen gehört. Kai war immer ein Atheist gewesen, zumindest meinte er, dass Gott für ihn nicht greifbar sei, und große spirituelle Bedürfnisse hatte er auch nicht. Aber nie stand er Nils oder mir im Weg, wenn wir in die Kirche gingen oder gemeinsam beteten. Jetzt, in der letzten Phase, öffnete er sich. Schon am letzten Wochenende zu Hause, als ich von dem schönen Abschlussgottesdienst nach Nils' Bibelwoche erzählte, sagte er, dass er von nun an öfter mit uns in die Kirche gehen wolle. Auf der Palli hat sicher auch die Musik, vor allem der »Irische Segen«, den ich ihm immer vorsang, dazu beigetragen, dass er Gott näherkam.

Daniel, der Mann meiner Schwester, ist ein zutiefst gläubiger Mensch. Er ging vollkommen unbefangen mit Kais Zurückhaltung im Glauben um. Und als bei einem seiner letzten Besuche kurz vor Kais Tod der Moment kam, hat er sehr feinfühlig erkannt, dass es nun so weit war. »Kai, ich bete für dich, jeden Tag. Wollen wir jetzt gemeinsam beten?« Und Kai nickte, war froh, dass ihm jemand half. Daniel nahm Kais Hände in seine, sprach ein kurzes Gebet und empfahl Kai in Gottes Hände. »Kai, du brauchst keine Angst zu haben. Gott wartet auf dich, und du wirst es bei ihm sehr gut haben, glaub mir.« Und Kai schaute ihn mit großen Augen an und sagte nur: »Ich weiß.« Er wusste es wirklich, das habe ich genau gespürt. Und ich bin froh, dass er es noch geschafft hat, an das bevorstehende Gute zu glauben.

In den letzten Tagen veränderte er sich quasi stündlich. Der körperliche und geistige Abbau ging – zumindest für mich – rasend schnell. Kai konnte nicht mehr sitzen, seinen geschwollenen Arm nicht mehr heben. Etwas festzuhalten war unmöglich. Wir telefonierten abends immer noch ein wenig. Kurz vor dem Ende sprach er nicht mehr, ich hörte nur noch sein Atmen. Zwischendurch fantasierte er, machte sich dauernd Gedanken über Dinge am Haus, die noch erledigt werden sollten. Bestimmte, welcher unserer Freunde den Zaun reparieren und welcher die lockeren Steine befestigen sollte. Ich stimmte immer zu und versicherte ihm, dass ich alles ausrichten würde. Und erzählte nicht, dass der Zaun nicht kaputt und das Pflaster rundum fest war.

»Läuft alles, Kai, brauchst dich nicht drum zu kümmern.« Er war beruhigt, geradezu erleichtert. »Dann ist ja gut.« Auch der allerletzte verständliche Satz, den er zu mir sagte, drehte sich um ein wichtiges Detail am Haus: »Das Dachfenster bau ich noch ein.« Ja, Kai. Bestimmt machst du das.

Als ich ihm eines Morgens erzählte, wer sich für diesen Tag zu Besuch angemeldet hatte, drehte er kaum merkbar den Kopf weg. Kai brauchte nichts mehr zu sagen, ich verstand ihn auch so. »Kai, soll ich ihnen absagen? Soll keiner mehr kommen? Nur noch die Familie? Das ist in Ordnung. Ich rufe alle an und erkläre es ihnen.« Mit den Augen lächelte er, so war es besser. Niemals hätte er jemanden brüskieren wollen und sicher alle Besuche über sich ergehen lassen. Aber er konnte einfach nicht mehr, brauchte seine Ruhe. Ich telefonierte mit allen. Die meisten hatten Verständnis dafür, glaube ich, auch wenn sie Kai gern noch einmal gesehen und sich von ihm verabschiedet hätten. Manche hätten sich vielleicht am liebsten darüber hinweggesetzt, aber das ließ ich nicht zu. Kai wollte nicht, dass ihn jemand in diesem Zustand noch sah, er konnte sich ja selbst kaum noch ertragen. Die Schwestern hängten ein Schild an seine Tür, wie es auch an anderen Zimmern zu lesen war: »Nicht eintreten, bitte melden Sie sich bei den Schwestern«.

Wenn ich morgens den Flur entlangging, sah ich manchmal eine brennende Kerze vor einer der Türen. Das war das Zeichen, dass der Mensch in diesem Zimmer gestorben, dass sein Leiden zu Ende war. Anfangs hatte ich Probleme mit diesem so deutlichen Zeichen, doch mit der Zeit gewöhnte ich mich daran und fand es sogar tröstlich zu wissen, dass der Mann oder die Frau hinter dieser Tür es geschafft hatte und erlöst war. Ich fragte mich, wie lang es noch bei Kai dauern würde. Wie es sich anfühlen würde, wenn eines Tages die Kerze vor seinem Zimmer brennen würde.

Die Schwestern gaben mir eine Broschüre, in der der Sterbeprozess beschrieben wird. Eine sehr nützliche, klare Erläuterung. Die Autorinnen, eine Psychologin und eine ehemalige Hospizmitarbeiterin, beschreiben genau, was mit dem Körper des Patienten geschieht, wie es sich mit Hunger- und Durstgefühl verhält, mit Unruhe und Schläfrigkeit, Orientierungslosigkeit und anderem. Sie haben beide Seiten im Blick: den Sterbenden und die Angehörigen. Sie versuchen zu vermitteln zwischen dem, was der Sterbende wahrscheinlich fühlt, und dem, was der Angehörige möchte oder womit er sich plagt. Dieser Text hat mir sehr geholfen. Kai hielt sich ziemlich genau an den beschriebenen Ablauf, vor allem was das letzte Aufbäumen angeht. Die Autorinnen führen aus, dass es bei quasi jedem Menschen noch einmal für ein paar Stunden ein Aufflammen der Lebensgeister gibt. Er ist wach, nimmt teil an dem, was geschieht, äußert sich deutlich, vielleicht sogar sehr ausführlich. Man könnte glauben, es sei eine Wende eingetreten.

Auch Kai blühte noch einmal kurz auf, und zwar am Geburtstag des kleinen Moritz, seinem ersten. Moritz wurde geboren, als wir in Bad Bocklet zur Kur beziehungsweise Reha waren, als es uns so gut ging wie nie zuvor. Kurz darauf erhielten wir die Nachricht, dass bei Kai Rezidive aufgetreten waren, seine Sache also aussichtslos war. So gab es eine sehr starke Verbundenheit zwischen Moritz und

Kai, sie beide symbolisierten den Kreislauf von Kommen und Gehen, von Geborenwerden und Sterben. Moritz wusste natürlich nichts von diesen philosophischen Betrachtungen, er liebte Kai einfach. Und Kai liebte ihn. Als Moritz das erste Mal ins Krankenhaus mitkam, war er ein klein wenig erschrocken. Kai hatte sich sehr verändert, wahrscheinlich erkannte er ihn zunächst gar nicht.

Beim nächsten Besuch jedoch war jedes Misstrauen wie weggeblasen, und Moritz krabbelte auf Kais Bett herum, spielte mit seiner Hand und war überhaupt ganz das zutrauliche, erfreute Kind. Kai genoss diese Momente, obwohl ihn die Glieder schmerzten, wenn Moritz sich auf sein Bett fallen ließ. Aber Moritz' Unbefangenheit und Lebensfreude taten ihm einfach gut. Sie waren auch ein klein wenig Ersatz dafür, dass Nils in der letzten Woche nicht mehr kommen wollte. Kai hatte volles Verständnis für ihn, und wir hatten von Anfang an gesagt, dass wir uns nach Nils richten. Trotzdem: Kai hatte große Sehnsucht nach seinem Sohn, und Moritz lenkte ihn ein wenig davon ab.

Fünf Tage vor seinem Tod gab ich Kai seine letzte Zigarette. Ich, die militanteste Gegnerin des Rauchens, zündete Kai seine »Henkerszigarette« an. Mit viel Getöse und Ungeschick, Husten und Wedeln, aber: Ich hab's geschafft und Kai die brennende Zigarette zwischen die Lippen gesteckt, selbst halten konnte er sie nicht mehr. »Na, Kai, dass du das noch erleben darfst, was? Deine Frau, die größte Nikotinfeindin, hilft dir beim Rauchen. Ist das nicht verrückt?« Kai lächelte ein wenig, und ich fühlte mich richtig gut dabei. Keine Spur von schlechtem Gewissen oder sonst was.

Donnerstag, 22. September: Wir, das heißt der Chefarzt

Dr. Schulze, die Schwestern und ich, beschlossen, die tägliche Bestrahlung der Hirnhäute zu beenden. Es war eine einzige Quälerei für Kai und viel zu anstrengend. Schon allein der Wechsel vom Bett auf die Liege brachte ihn der Bewusstlosigkeit nahe. Und das ursprüngliche Ziel der Bestrahlung war ja, ihn wacher zu bekommen. Davon gab es keine Spur, warum ihn also dieser Tortur aussetzen?

Freitag, 23. September: Die Schmerzen wurden wieder stärker, das erkannte ich sofort, als ich am Morgen in Kais verzerrtes Gesicht blickte. Da er sich nicht mehr äußern konnte und sogar zu schwach war, auf den Notfallpiepser zu drücken, lief ich zur Stationszentrale und sagte den Schwestern, dass er mehr Schmerzmittel brauche. Die Dosis der Opioide wurde erhöht, und so ging es wieder, ein bisschen. Ich konnte Kai waschen und traute mich sogar, ihn zu rasieren, das erste Mal in meinem Leben! Dabei hatte ich wahnsinnige Sorge, dass ich ihn verletzen könnte, aber es ging glücklicherweise alles glatt.

Das Umziehen war immer schwierig gewesen und in der letzten Zeit für ihn kaum noch auszuhalten. Die Schwestern und ich hatten daher beschlossen, einfach seine T-Shirts hinten aufzuschneiden, wie ein OP-Hemd, so brauchte er sich kaum zu verrenken, wenn wir ihm das Shirt überstreiften. Haare kämmen, Zähne putzen, ein bisschen Parfüm auflegen – alles so, wie er es gemacht hätte, wenn es ihm noch möglich gewesen wäre. Die Flasche mit dem Parfüm habe ich aufgehoben, sie steht bei mir im Bad. Nils geht ab und zu dran und legt sich ein Tröpfchen auf. Anfangs konnte ich es kaum ertragen, er roch dann so nach Kai. Aber mittlerweile finde ich es schön.

An diesem Freitag veränderte Kai sich, morgens brachte er noch einen kurzen Blickkontakt zustande und schenkte mir ein kleines Lächeln, das kaum mehr war als das Anheben eines Mundwinkels, aber ich erkannte es trotzdem. Ab Mittag war Kai dann weggetreten, war in seiner Zwischenwelt angekommen. Er reagierte kaum noch auf seine Umwelt. Die künstliche Ernährung über die Dünndarmsonde wurde eingestellt, da das Gewebe rundherum stark entzündet war. Er bekam nur noch Kochsalzinfusionen mit Kortison oder Glukose.

Normalerweise saßen wir auf dem Balkon, ich erzählte irgendetwas, die neuesten Eskapaden des kleinen Moritz, was Nils in der Schule lernte, oder schaltete das Radio ein. An diesem Freitag aber war alles anders. An den neuen Zustand musste ich mich erst mal gewöhnen. Kai war weder wach, noch schlief er. Seine Lider waren halb geöffnet, aber seine Augen folgten keiner Bewegung. Er war weit weg. Ich setzte mich neben ihn und hielt seine Hand, nicht der Hauch eines Gegendrucks war zu spüren. Ab und zu befeuchtete ich seine Lippen mit einem Wattestäbchen, das in Flüssigkeit getränkt war.

Ich sprach ausführlich mit den Schwestern, sie bestätigten, dass sich sein Zustand verschlechtert hatte. Aber man konnte keine Prognose abgeben. Ich fuhr nach Hause, überzeugt, dass er in dieser Nacht sterben würde. Und ich es erst am nächsten Morgen erfahren würde. Das hatten die Schwestern und ich schon relativ früh vereinbart. Ganz am Anfang wollte ich, dass sie mich bei jeder kleinen Veränderung anriefen, aber ich merkte schnell, dass ich das nervlich nicht durchhalten würde. Bei jedem Klingeln bekam ich einen Wahnsinnsschrecken, dass jetzt die eine, die letzte Nachricht kommen würde. Und das Telefon klingelte dauernd in diesen Tagen. Permanent riefen Freunde an, um zu fragen, wie es Kai gehe, natürlich versuchten sie es auch abends, weil ich ja fast den ganzen Tag unterwegs oder im Krankenhaus war.

Die Schwestern schlugen mir daher eine Zeitvereinbarung vor: Es gab Zeiten, in denen ich angerufen werden würde, und solche, in denen dies nicht geschehen würde. Ich war unschlüssig. Geht das denn, ist das nicht ein Zeichen von Gleichgültigkeit, wenn man solche Auszeiten vereinbart? Nein, ist es nicht. Da waren sie ganz entschieden. »Frau Lauckner, das halten Sie doch nicht durch, Sie bekommen ja noch einen Herzinfarkt. Und außerdem: Was können Sie schon tun, wenn wir Sie nachts anrufen und Ihnen sagen müssen, dass Ihr Mann gestorben ist? Nichts.« Also vereinbarten wir »Ruhezonen«, zunächst von 23 bis 6 Uhr, dann dehnten wir sie aus von 22 bis 7 Uhr. Es war ein Segen! Ab 22 Uhr entspannte ich mich und konnte super schlafen.

An diesem Freitag verabschiedete ich mich von Kai, absolut davon überzeugt, dass ich ihn am nächsten Tag nicht mehr lebend antreffen würde. Ich informierte meine Eltern, auch ein paar meiner Freunde. Am nächsten Morgen, Samstag, 24. September, rief ich morgens früh auf der Station an. »Nein, Frau Lauckner, Ihr Mann lebt noch.« Damit hatte ich nun gar nicht gerechnet. Ich wusste nicht, ob ich froh oder traurig sein sollte, dass er immer noch eine Strecke vor sich hatte. Seltsamerweise wurde es noch ein schönes Wochenende. Der Himmel strahlte in einem intensiven

Blau, alles war friedlich und ruhig. Wir lagen im Halbschatten auf dem Balkon, machten nichts mehr, außer Händchen halten, das heißt, ich hielt seine Hand. Von nun an verabschiedete ich mich jedes Mal von ihm, als wäre es das letzte Mal. Beinahe musste ich schon lachen: typisch Kai, dass er so gründlich starb wie kein anderer, so eisern war im Durchhalten.

Montag, 26. September: Als ich morgens zu Kai kam, roch es ein bisschen anders als sonst, ein ganz seltsames Aroma, nicht zu beschreiben. Ich versprühte ein wenig von Kais Parfüm, um diesen seltsamen Geruch loszuwerden. Heute weiß ich, dass es das Zeichen für den nun wirklich beginnenden Prozess des Sterbens war. Ich schob ihn wie immer auf den Balkon, streichelte ihn ganz zart und redete noch ein bisschen mit ihm, aber nicht viel. Sang unser Lied, machte ein paar Fotos von unseren Händen.

Kai ließ sich von einem Atemzug zum nächsten immer mehr Zeit. Die Urinflasche benötigte er nicht mehr, der Körper stellte einfach nach und nach die Systeme ab. Ich schob Kai wieder zurück in sein Zimmer, die Außenwelt mit den tirilierenden Vögeln und den vielen anderen Geräuschen schien mir nicht mehr das Richtige für ihn zu sein. Schwester Karin kam rein, schaute ihn an und streichelte seinen Arm. »Herr Lauckner, Sie haben eine ganz, ganz wunderbare Frau. Wissen Sie das?« Und Kai, mein lieber, einziger Kai, der seit Tagen keinen Ton mehr gesprochen hatte, brachte ein Geräusch zustande. Eine Art Stöhnen. Das Äußerste, was noch ging. Schwester Karin und ich schauten uns an, wir hatten beide Tränen in den Augen und waren uns absolut einig: Dieses Stöhnen bedeutete

»Ja!«. Ein ganz entschiedenes »Ja!«. Ja, ich habe eine wunderbare Frau. Ich weiß es, und ich nehme dieses Wissen mit.

Wie jeden Nachmittag kamen Kais Eltern und Geschwister. Sie warteten vor der Tür, bis ich mich von Kai verabschiedet hatte. Das rechne ich ihnen bis heute hoch an, dass sie mir diese Zeit gelassen haben, obwohl es von ihrer abging. Meine Mutter, meine Schwester, Nils, der kleine Moritz und ich fuhren noch mal in die Stadt, ich glaube, um Schuhe für die Kinder zu kaufen – ganz wichtig! Aber es war alles gleich wichtig, ob man nun zu Hause saß und wartete oder in die Geschäfte ging. Mittendrin sagte Nils: »Ich will aber doch noch mal zum Papa.« Ich war wie vom Donner gerührt. Nachdem er sich tagelang ferngehalten hatte, dieser Schwenk. Ich überlegte kurz, ob man ihm das zumuten konnte. Kai sah doch mittlerweile ganz anders aus, hatte kaum noch Ähnlichkeit mit dem Mann und Vater, der er einmal für Nils war. Er war nur noch Hülle, kaum noch der Mensch Kai. Aber: Wir hatten vereinbart, dass wir uns ganz nach Nils richten würden, und wenn er seinen Papa noch mal sehen wollte, dann sollte es so geschehen. Also, Richtung Krankenhaus.

Auf dem Weg mussten wir noch tanken, und als meine Mutter danach mit dem Auto zurücksetzte, gab es einen dumpfen Krach und ein spitzes Kratzen. Sie hatte einen Begrenzungsstein erwischt. Auch das noch! Wieso passiert das an einem solchen Tag? Nicht, dass es wirklich günstige Tage dafür gibt, aber jetzt konnten wir wirklich nicht noch mehr verkraften. Nun gut, es kam keiner zu Schaden, nur das Auto war angekratzt. Trotzdem dauerte es eine Weile, bis wir uns alle wieder beruhigt hatten und unseren Weg zum Krankenhaus fortsetzen konnten. Auf halber Strecke tönte dann Nils von hinten: »Mami, ich hab's mir überlegt. Ich will doch nicht zum Papa. Ich möchte lieber zu Haus was spielen.« Meine Mutter und ich schauten uns an, sehr, sehr froh und erleichtert, dass Nils seinen Papa in diesem Zustand nicht mehr zu Gesicht bekam.

Gegen meine Gewohnheit fuhr ich dann abends noch mal zu Kai. Ich war unruhig und nervös, hatte ein seltsames, nicht richtig zu fassendes Gefühl. In seinem Zimmer schnappte ich mir einen Stuhl, drehte ihn um und saß rittlings Kai gegenüber, die Arme auf der Rückenlehne verschränkt. Das Radio lief, ganz leise. Ich hatte einen Sender mit Songs der 60er- und 70er-Jahre gefunden, diese Periode liebe ich. Dann spielten sie »The Sound of Silence« von Simon & Garfunkel. Ich drehte etwas lauter, es gab nichts, was die Stimmung dieses Abends besser ausgedrückt hätte als dieses Lied. »Hello darkness, my old friend ...« Das milde Licht der Abendsonne strahlte herein, es war ein Frieden ohnegleichen. Und alles war erfüllt von Liebe. So wie in diesem Moment habe ich Kai nie vorher geliebt. Es ist rätselhaft: Wie kann sich die Liebe in solchen Tagen noch einmal steigern, auf eine ganz andere Ebene gelangen? Auf den Gipfel des Möglichen? Ich weiß es nicht. Ich weiß nur, dass ich nicht mehr und nicht intensiver lieben kann, als ich es in diesem Moment gefühlt habe. Ich spürte die Liebe zwischen uns, auch wenn Kai schon dabei war zu gehen. Ich glaube, er blickte noch einmal zurück. Es war der traurigste und gleichzeitig auch schönste Moment meines Lebens mit Kai.

Ich stand auf und flüsterte ihm ins Ohr, dass er jetzt den

letzten Kuss von mir bekomme. Auf seine Lippen, die sich seit Tagen nicht mehr bewegt hatten. Und diese Lippen formten einen Kuss. Ich fühlte ihn, wie ich keinen anderen Kuss je zuvor gefühlt hatte, zart und unendlich liebevoll. Mein Herz wurde ganz leicht.

Ich ging zu den Nachtschwestern, um mich zu verabschieden und ihnen zu sagen, dass ich Kais Tür offen gelassen hatte. Ja, alles klar, gehen Sie nur, Frau Lauckner. Auf dem Weg nach draußen kam ich noch mal an Kais Zimmer vorbei und hörte ein Geräusch, einen Kai-Ton. Ich ging ein letztes Mal hinein und küsste ihn auf die Stirn: »Kai, du kannst jetzt gehen. Ehrlich. Lass los. Wir schaffen das. Nils und ich. Wir werden dich ganz sicher vermissen, aber wir machen unser Ding. Ich verspreche es dir. Du brauchst dir keine Sorgen um uns zu machen. In Ordnung? Es ist gut jetzt.«

Meine Unruhe war verflogen, ich fuhr nach Hause. Wir drei Frauen – meine Schwester, meine Mutter und ich – setzten uns ins Wohnzimmer und gönnten uns das traditionierte Familiengetränk, einen ordentlichen Eierlikör. Freuten uns, dass wir auf der Welt waren, stießen auf dieses großartige Leben an und dass wir immer füreinander da sein werden.

Und Kai? Der prostete uns in diesem Moment zu, schon von oben und ganz leise, im Sound of Silence.

23 Erinnerung

Kai ist mir auch nach seinem Tod sehr gegenwärtig. Oft denke ich, wenn ich etwas Schönes oder Absurdes erlebe: Das muss ich Kai erzählen! Vielleicht ist es ein bisschen verrückt, aber ich fühle mich wohl dabei. Ich glaube nicht, dass ich durchdrehe oder im Hokuspokus-Stadium angekommen bin und bald Stimmen höre. Es ist halt so: Mit Kai habe ich die meiste Zeit meines Erwachsenenlebens verbracht, er ist als Gegenüber quasi in mir verwachsen.

Ich spreche zwar manchmal mit Kai, gleichzeitig merke ich aber, dass die Erinnerungen unscharf werden. Fast immer denke ich beim Einschlafen an ihn. Dann liege ich in unserem Doppelbett, strecke die Hand aus und sage irgendwas. Oder nichts, seufze einfach nur ein bisschen oder murmele etwas vor mich hin. Ich versuche, mich an seinen Geruch zu erinnern, wie sich seine Haut angefühlt hat und wie er im Schlaf geatmet hat. Dann ist es, als läge er neben mir. Aber: Das Bild wird langsam blasser.

Seine Lieblingskleidung habe ich behalten, ein paar Stücke verschenkt. Sogar an meinen Vater und an meinen Schwager. Als ich das erste Mal meinen Vater in einer Jacke von Kai sah, erschrak ich heftig, es wirkte so lebendig. Doch dann gefiel es mir, dass Kai auch auf diese Art noch in der Familie bleibt.

Manchmal schaue ich auch in das Büchlein, das wir beide verfasst haben, als klar war, dass er sterben würde. Es ist kein Buch mit tiefsinnigen Gedanken oder schönen Sprüchen, sondern mit Arbeitsanleitungen. Kai erklärte mir alles Mögliche in Haus und Garten ganz genau, damit ich später allein klarkommen würde. Wir schafften dafür das Büchlein an, und ich schrieb auf, was er mir diktierte. Wie man den Terrassentisch im Herbst auseinanderbaut, damit man ihn verstauen kann. Wie oft ich die Kaffeemaschine entkalke, wie viel Druck im Heizkessel sein soll und dass ich das Wasserventil regelmäßig aufdrehen und die Flüssigkeit rauslaufen lassen muss. Oft, wenn wir zusammensaßen, sagte er mittendrin: »Ach, Anja, das musst du auch noch wissen. Schreib dir mal auf …« So, als ob er für längere Zeit verreisen würde. Auch das war eine Möglichkeit, sich mit dem Tod zu beschäftigen, auf einer sehr konkreten Ebene. Ihm tat das gut. Mir auch. Es war später sehr hilfreich, und manchmal höre ich tatsächlich seine Stimme, wenn ich die Hinweise lese: »Bei den Pfannkuchen musst du genau darauf achten, dass du sie rechtzeitig wendest.«

Manche Erinnerungen haben ein seltsames Eigenleben entwickelt, wahrscheinlich hat Kai seine Finger da im Spiel. Am frappierendsten ist die Sache mit dem Smartphone, das Kai mir im Sommer 2011 schenkte. Ich fotografierte viel damit, in erster Linie ihn und uns. Wichtig waren mir vor allem die Fotos von seinen Händen. Ich hatte sie gemacht, nachdem Kai gestorben war. Wieder und wieder habe ich danach die Bilder angeschaut.

Als ich im Herbst meine Voicemails durchstöberte, stieß

ich auf eine, die ich bis dahin übersehen hatte, keine Ahnung, wieso. Sie stammte vom 23. September, das war drei Tage vor seinem Tod. Es war Kai. Man konnte ihn kaum verstehen, er stöhnte nur ein Wort: »Anja?« Immer wieder: »Anja?« Im Hintergrund hörte ich meine Eltern und Moritz, die Kai auf der Palli besuchten. Ich war wohl kurz draußen, und Kai hatte sein Handy zu fassen bekommen. Keine Ahnung, wie er das geschafft hatte. Offenbar fummelte er an den Tasten herum und wählte meine Nummer, woraufhin meine Voicemail ansprang. »Anja ... Anja?«

Meine Mutter wurde aufmerksam und schaute sich an, was Kai da machte. Sie las ab, dass im Display »Anja Handy« stand, und fragte: »Hallo, Anja, bist du da? Hm, keiner dran.« Sie wusste nicht, wie man das Handy ausschaltete, drückte irgendeine Taste und legte es hin. So waren noch etliche Minuten auf dem Band, in denen meine Eltern im Hintergrund zu hören sind, Kai eine Tasse fallen ließ und meine Mutter ihn trotz seines Knurrens umzog. Es war wie eine Botschaft aus einem parallelen Universum, eine Aufnahme drei Tage vor Kais Tod, die ich erst Wochen später abhörte. Immer wieder.

Dann war plötzlich Schluss damit. Am 30. Januar 2012 gab das Handy seinen Geist auf, komplett und unwiderruflich. Alles war weg: meine Daten, die Fotos und die Sprachaufnahme von Kai. Nicht einmal der Kundendienst konnte auch nur ein Fitzelchen davon wiederherstellen. Ich behaupte, dass Kai das Handy kaputt gemacht hat. Weil er einfach nicht mehr wollte, dass ich mir dauernd die Bilder von seinen toten Händen anschaute und mir seine kranke Stimme vorspielte. Weil die Garantie noch lief, bekam ich ein neues Gerät, vollkommen leer, unbespielt. Ich musste es mit neuen Bildern und Aufnahmen bestücken. Mit lauter Fotos, auf denen Kai nicht zu sehen ist.

So ist das mit den Erinnerungen, man muss ständig neue schaffen.

24 Oktober 2011

Morgens um halb sieben rief ich auf der Palli an, wie jeden Tag. Schwester Marianne war am Telefon. »Frau Lauckner, Ihr Mann hat es geschafft. Er ist gestern am späten Abend gestorben.« Aus tiefstem Herzen: Gott sei Dank! Er muss nicht mehr leiden. »Möchten Sie ihn noch einmal sehen? Er bleibt am Vormittag noch in dem Zimmer.« Natürlich wollte ich ihn noch mal sehen. »Wir kommen um neun Uhr.«

Mein spontanes Gefühl: nicht Trauer, sondern Erleichterung. Endlich war es überstanden, Kai war von seinen Leiden erlöst. Ich sagte es meiner Mutter, dann meiner Schwester. Sie nahmen mich in den Arm, streichelten mich ein bisschen. Dann rief ich Kais Eltern an. Und Nils musste ich es sagen. Da wir ihm immer die Wahrheit erzählt haben, war er nicht wirklich überrascht. Dass sein Papa schwer krank war und sterben würde, wusste er ja. Er weinte ein kleines bisschen, aber kaum länger als zehn Sekunden. Ich zündete eine Kerze an, und wir beteten gemeinsam, das heißt, ich sprach die Worte, und Nils stand mit gefalteten Händen dabei. »Lieber Gott, wir sind froh, dass Kai es überstanden hat. Bitte nimm ihn auf, wenn er bei dir im Himmel ankommt. Er wird immer bei uns bleiben, auch wenn wir ihn nicht mehr sehen können. Und bitte, lieber

Gott, mach, dass wir beide auch weiterhin ein gutes Leben haben werden.«

Wir hatten vorher mit der Psychologin besprochen, dass wir alles so handhaben, wie es sich aus der Situation heraus ergibt. Es wäre auf jeden Fall vorteilhaft, wenn Nils den normalen Alltag weiterlebt. Für Kinder ist es in Krisensituationen eine große Stütze, wenn sie erfahren, dass auf einige Dinge weiterhin Verlass und die Welt nicht komplett zusammengebrochen ist. Da Nils offenbar einigermaßen guter Dinge war, sollte er auch wie üblich in die Schule gehen. Ich brachte ihn bis zur Haltestelle des Schulbusses. Die Mutter seiner liebsten Freundin erzählte mir hinterher, dass er den anderen Kindern nur kurz mitteilte: »Mein Papa ist gestorben. Heut Nacht.« Das war's, mehr nicht. Ringsum verlegenes Schweigen, die Kinder wussten nicht, wie sie reagieren sollten. Aber Nils ging sofort zur Tagesordnung über: »Wollen wir was spielen?«

Mit der Lehrerin hatte ich schon früher gesprochen, nun hatte ich Nils einen kleinen Brief mitgegeben, dass es geschehen war. Sie half Nils mit ihrer freundlichen Art und bezog alle ein. Die ganze Klasse betete gemeinsam und bat Gott, Nils' Vater zu sich zu nehmen. Auch später wiederholte sie solche kleinen Andachtsmomente. Nils tat das sehr gut.

Meine Mutter und ich fuhren ins Krankenhaus. Ich war unendlich froh, dass sie bei mir war, kein anderer Mensch hätte mich in diesem Moment besser verstanden und liebevoller unterstützen können. Sie ist Pflegedienstleiterin in einem Alten- und Pflegeheim und kennt sich mit dem Tod deutlich besser aus als ich. Ihre Einstellung zu der »zurückgelassenen Hülle«, wie sie immer sagt, ist eher sachlich. Es ist nur noch ein Körper, der dort liegt – der Mensch ist fort.

Es half mir, dass meine Mutter diese Haltung immer vertreten hatte und auch jetzt dabei blieb. Denn Kai sah nicht mehr so aus, wie er einmal war und wie ich ihn in Erinnerung behalten wollte. In dem sonnendurchfluteten Zimmer lag er auf dem Bett, vollkommen verändert im Vergleich zum Abend zuvor. Er wirkte irgendwie verzogen und verzerrt, war außerdem ganz gelb. Der Kopf erschien mir wie ein Totenschädel, auf seltsame Art grinsend. Die Schwestern hatten mich gewarnt, sie waren selbst überrascht, wie sehr er sich innerhalb weniger Stunden nach seinem Tod verändert hatte. Es war wie im Gruselkabinett. Ich konnte mich kaum überwinden, ihn anzufassen. Vorher hatte ich mir immer vorgestellt, dass ich mich über ihn beugen und ihn zum letzten Mal küssen würde, wie in einem amerikanischen Spielfilm. Aber das ging nicht, ausgeschlossen. Ich schaffte es immerhin, die Decke hochzuheben und seine Beine anzufassen. Sie waren eiskalt. Die Hände lagen über der Brust gefaltet, und als ich meine daneben hielt, sah man den abgrundtiefen Unterschied zwischen Leben und Tod. Seine Hände waren dicklich, wegen des eingelagerten Wassers, aber ganz gelb. Meine Hände dagegen ganz rosig, das Sinnbild pulsierenden Lebens.

Kais vollkommen verändertes Aussehen führte uns allen noch einmal klar vor Augen, wie unglaublich lang er gekämpft und welche Schmerzen er dabei ausgehalten hatte. Der Krebs hatte sich in seinem ganzen Körper ausgebreitet und alles angegriffen und zerstört. Eigentlich war Kai schon lange tot. Aber mit seiner elenden Sturheit, seinem Dickschädel, hat er immer und immerzu durchgehalten.

Auf dem Totenschein stand, dass Kai am 26. September 2011 um 22.03 Uhr gestorben ist. Noch wochenlang beschäftigte mich die Frage, ob ich an dem Abend zu früh gegangen war. Wäre ich nur eine halbe Stunde länger geblieben, dann hätte ich ihn bei seinem letzten Atemzug begleiten können. Mittlerweile glaube ich jedoch, dass er allein sterben wollte. Wahrscheinlich machte er sich schon auf den Weg, als ich noch auf dem Parkplatz war. Im Grunde war es genau so, wie ich es ihm gewünscht hatte: dass er endlich aufhörte mit seinem Kampf, dass er losließ. Und dafür war wichtig, dass ich ihn auch gehen ließ. Ihn durch meine Anwesenheit nicht mehr festhielt.

In der Broschüre, die mir die Schwestern der Palliativstation gegeben hatten, wird beschrieben, dass Menschen zum Sterben oft einen Moment »wählen«, in dem sie allein sind. Angehörige bekommen dann häufig ein schlechtes Gewissen, weil es passiert ist, als sie gerade beim Essen waren oder als sie kurz vorher wegfuhren. Aber man sollte bedenken, dass es für den Sterbenden leichter sein kann, sich von der Welt und von den geliebten Menschen zu lösen, wenn er allein ist. Und letztlich, so heißt es in der Broschüre: »Der Moment des Sterbens gehört dem Sterbenden, es ist *sein* Moment des Übergangs.«

Ich schrieb einige SMS, telefonierte mit ein paar Freunden. Ich überlegte hin und her, dann rief ich Kais Familie noch mal an. Sie war gerade dabei, aufzubrechen und von Auerbach im Vogtland nach Bayreuth ins Krankenhaus zu fahren, um sich von Kai zu verabschieden. Es fiel mir schwer, die richtigen Worte zu finden und ihnen klarzumachen, dass sie besser auf diesen letzten Anblick verzichten sollten. Selbstverständlich hatte ich nichts dagegen, wenn sie kommen wollten, aber meiner Ansicht nach sollten sie Kai so in Erinnerung behalten, wie sie ihn als Sohn, Bruder und Schwager noch lebend gesehen hatten. Sie folgten meinem Rat, und ich war froh. Die letzten beiden Jahre waren schwierig genug für sie gewesen.

Auch meine Schwester und mein Vater verzichteten auf den letzten Besuch. Es war gut so für sie, und für Kai auch. Er hätte sicher nicht gewollt, dass sie ihn so noch einmal zu Gesicht bekämen.

Ich packte Kais Sachen zusammen, die Schuhe ließ ich versehentlich stehen. Aber das macht sicher nichts, ich stelle mir vor, dass man im Himmel sowieso eher barfuß läuft. Meine Mutter half mir, und wie sie so ist, wollte sie noch schnell ein Foto machen, obwohl Kai und ich verabredet hatten, dass er als Leiche nicht fotografiert werden sollte. Sie drückte auf den Auslöser der Handykamera – und genau in dem Moment gab diese ihren Geist auf. Für immer. Irreparabel im Eimer. Kai wollte ja nicht, dass Fotos gemacht wurden, daher bin ich sicher, dass er seine Finger im Spiel hatte. Solche Zufälle gibt's doch nicht, oder …?

Zwischen Kais Tod und seiner Beerdigung lagen zwölf Tage. Sie sind für mich wie unter einem Nebel verborgen. An die Wochen vorher kann ich mich erinnern, bis in die kleinste Kleinigkeit. Doch danach wird es schwierig. Ich war müde, unendlich müde. Nach einer Geburt empfinden viele Frauen einen totalen Energieverlust, so ähnlich ging es mir jetzt auch. Bis zum Schluss hatte ich genügend

Energiereserven, um alles durchzuhalten. Danach, nach dem Endpunkt, zerfloss ich irgendwie in der Gegenwart. Ich funktionierte zwar, aber eher mechanisch, folgte den Ratschlägen meiner Mutter hinsichtlich der Organisation der Beisetzung, schrieb die Karten und sprach mit den Menschen, die anriefen oder zu Besuch kamen. Aber alles sehr gedämpft, nicht ganz anwesend. Über manche Dinge musste ich mir zum Glück keine Gedanken machen, weil wir ja vieles rechtzeitig besprochen und geregelt hatten, die Einäscherung, die Konten und manches andere.

So saß ich oft im Garten, versuchte mir vorzustellen, was das jetzt eigentlich für eine Zeit war, für ein Zustand. Ich konnte es nicht. Ich sagte mir, dass es endlich vorbei war, sein Leiden, mein Mitleiden, dass wir es geschafft hatten. Oder wenn ich einen Weg entlangging, sagte ich mir, dass Kai ihn nie mehr wieder betreten würde. Aber was bedeutete das eigentlich, nie wieder? Ich umkreiste die Leerstelle, die Kai hinterlassen hatte, und bekam sie nicht zu fassen. Natürlich nicht.

Zwischendurch gab es Einbrüche von Normalität: eine Lieferung von Meterholz, das mithilfe von Freunden samt ihrer Maschine geschnitten und dann mit vereinten Kräften aufgeschichtet wurde. Stundenlange Gemeinschaftsarbeit, willkommene Ablenkung.

Bei alldem hatte ich immer das Gefühl, dass Kai da war, wie er es versprochen hatte. Wenn mich ein Sonnenstrahl im Nacken kitzelte oder mir ein kleiner Windhauch übers Gesicht strich. Ich schaute mir die Fotos von ihm, von uns im Wohnzimmer an. Und hatte das Gefühl, dass er weg und hier zugleich war. Und das war neu, schwer zu begreifen.

Das Haus wurde leer, meine Eltern und meine Schwester samt Moritz fuhren nach Hause und wollten zur Trauerfeier wiederkommen. Auch vorher waren Nils und ich schon oft allein gewesen, wenn Kai im Krankenhaus lag. Aber dieses Mal war es anders, dieses Mal war das Alleinsein größer. Es war keine Zwischenphase oder Ausnahme. Diese Leere war jetzt normal für uns. Oder sollte sie zumindest werden. Aber ob wir uns daran gewöhnen konnten, ob das jemals gelänge? Es fühlte sich scheußlich an.

Die Teilnahme an der Einäscherung ersparte ich mir. Ich wollte nicht sehen, wie Kai in seinem Sarg den Flammen übergeben wurde. Ich weiß nicht mal mehr genau, welches Datum es war. Die Beisetzung jedenfalls sollte am 8. Oktober stattfinden. Tags zuvor trafen meine Eltern und meine Schwester mit ihrem Mann Daniel und Sohn Moritz ein. Meine Mutter und ich gingen mit Moritz auf den Friedhof, um die Stelle anzuschauen, wo sich das Grab befand. Nötig wäre es nicht gewesen, unser Dorffriedhof ist so klein, dass man nicht lange suchen muss.

Wir standen vor dem Grab. Das heißt, es war eher ein Loch. Ein schwarzes Erdloch, umrandet mit ein wenig Kunstrasen. Vollkommen harmlos, aber gleichzeitig entsetzlich in seiner nüchternen Endgültigkeit. Dass Kai nun als ein Häufchen Asche in diesem Loch verschwinden würde ...! Bei dem Gedanken daran wurde mir übel, ich merkte, wie mein Kreislauf Anstalten machte, sich zu verabschieden. »Meine Güte, Mama, hoffentlich passiert mir das morgen nicht, wenn ich die Urne ins Grab lasse.« Meine Mutter schnappte nach Luft. »*Was* willst du? Die Urne tragen und ins Grab lassen? Bist du verrückt geworden?«

Das brachte meinen Kreislauf wieder in Schwung. »Na ja, wieso nicht? Die Pfarrerin und ich hielten das für eine sehr schöne Idee. Kai und ich haben so viel miteinander durchgemacht, das wäre doch ein guter Abschluss.« Meine Mutter kaute eine Weile auf dieser Nachricht herum. Ihrer Vorstellung einer »klassischen« Urnenbeisetzung entsprach das ganz und gar nicht. Aber sie gewöhnte sich an den Gedanken. Ich glaube sogar, dass sie ihn nach einer Weile ziemlich gut fand. Mutig.

Dass meine Schwester und ich beschlossen hatten, auch selbst zu singen, fand sie wahrscheinlich genauso mutig. Wir wollten ein Lied singen, zweistimmig, das für unsere Familie große Bedeutung hat, »Hard Times«. Genau genommen war es nicht mutig, sondern geradezu tollkühn, in solch einem emotionalen Moment selbst singen zu wollen, aber das hielt uns nicht ab. Wir hatten in den Tagen, als meine Schwester zu Hause in Hückeswagen war, übers Telefon geübt. Die Generalprobe, unterstützt von Daniel auf der Gitarre, fand in Nils' Zimmer statt – und war eine einzige Katastrophe. Wir kamen aus dem Rhythmus, verhedderten uns mit der ersten und der zweiten Stimme, ließen uns von den Gitarrenakkorden aus der Spur bringen und hatten den überdeutlichen Eindruck, dass es sich wahrhaft grässlich anhörte. In Streit gerieten wir auch noch, war ja klar. Schließlich verabredeten wir, dass wir im Falle des Falles, also wenn das Lied wirklich den Bach runterging, es so einfach wie möglich und einstimmig beenden würden. Den Auftritt abzublasen, das kam nicht infrage, obwohl wir zwischendurch selbst zu der Ansicht kamen, dass wir uns da etwas Unmögliches aufgehalst hatten.

Wochenlang war das Wetter wunderbar gewesen, am Tag der Beerdigung regnete es in Strömen und war schneidend kalt. Ich trug das schwarze Kleid, das Kai immer so gut an mir gefallen und das ich auch bei seinem Klassentreffen angezogen hatte. Es war eigentlich zu dünn für das Wetter, aber das ließ sich nicht ändern. Die kleine Kirche war wunderschön mit dicken roten Rosen geschmückt, und inmitten dieser Blumen stand die Urne, ein nicht ganz alltägliches Modell. Handbemalt in einem strahlenden Hellblau und mit einer leuchtenden Sonne, durch deren Strahlen ein paar Tauben fliegen. Vor dem Altar stand Kais Foto, aufgenommen gut vier Monate zuvor am Gardasee.

Die Kirche füllte sich, immer mehr Menschen trafen ein, Familie natürlich, aber auch sehr viele Freunde und Bekannte, fast alle Schulkameraden. Manche fanden keinen Sitzplatz mehr, so voll wurde es. Ich stand am Eingang der Kirche, begrüßte jeden Einzelnen und schenkte jedem ein strahlendes Lächeln. Ich lächelte die ganze Zeit. Es war ein gut getarntes trauriges Lächeln. Aber auch ein gutes. Denn nun war es vorüber, die Krankheit war zu Ende, wir alle erlöst.

Obwohl Kai kurz vor Schluss noch zu Gott gefunden hatte, war er kein Mitglied einer Kirche geworden. Die sehr nette Pfarrerin unserer Gemeinde tat uns den Gefallen und gestaltete trotzdem die Trauerfeier. Es war wunderbar, ein großartiger Abschied, Kai hätte es gemocht, da bin ich sicher. Vielleicht hat er ja von oben zugeschaut. Ich saß mit meinen Eltern und meiner Schwester in einer Reihe, Nils auf meinem Schoß. Wir beide hatten vorher einen schönen großen Stein aus unserem Garten ausgesucht und ihn gemeinsam angemalt, in einem strahlenden Hellblau mit einer leuchtenden Sonne drauf. Aus Ästen hatten wir außerdem ein kleines Kreuz gebastelt. Nils sollte etwas haben, das er selbst angefertigt hatte und ins Grab legen konnte.

Wie Kai und ich es besprochen hatten, wurde »Hallelujah« von Jeff Buckley gespielt. Am Anfang der Aufnahme ist ein deutlicher Atemzug zu hören. Ich stelle mir immer vor, dass er für Kais letzten Atemzug steht. Dann waren irgendwann meine Schwester und ich dran mit »Hard Times«. Wir traten nach vorn, und sie erklärte kurz, wovon das Lied handelt, nämlich dass man den Krisen nicht ausweichen soll, weil sie zum Leben dazugehören, dass man die schwierigen Zeiten braucht, um daran zu wachsen. Und dass auf Regen auch wieder Sonnenschein folgt. Nils war ebenfalls aufgestanden und mitgekommen. So standen wir zu dritt dort vorn, Kais Urne hinter uns, die vielen Menschen vor uns.

Wenn ich je Zweifel gehabt habe, ob wir es schaffen würden – sie waren in diesem Moment restlos verflogen. Es gab mir solch eine Kraft, mit dieser Musik die Botschaft zu vermitteln, dass uns schwere Zeiten stark machen. Dass auch schlechte Zeiten ihre guten Seiten haben. Und dass Gott immer bei uns ist. Ich fühlte mich stark und frei. Daniel spielte mit unglaublich viel Gefühl Gitarre. Meine Schwester und ich hielten uns fest an den Händen, und niemals zuvor in unserem Leben hatten wir dieses Lied so schön und klar gesungen. Es war, als leuchteten wir zum Himmel hinauf, zu Kai. Dieser Moment war etwas ganz Besonderes, Einzigartiges. Alle Zuhörer in der Kirche spürten es, noch lange Zeit sprachen mich Menschen auf dieses

Lied an und erzählten, dass es etwas in ihnen anstieß. Ich war glücklich. So glücklich, dass wir für den einzigartigen Kai einen einzigartigen, passenden Abschied gefunden hatten.

Am Ende sangen wir alle noch den »Irischen Segen«, das Lied, das uns die letzte Zeit begleitet hatte: »Möge die Straße uns zusammenführen und der Wind in deinem Rücken sein ...« Ja, genau das wünsche ich mir. Dass wir uns wiedersehen. Dass er bis dahin fest in Gottes Hand ist. Und es ihm gut geht, dort, wo er jetzt ist.

Natürlich hatte ich mir Gedanken gemacht, wie sich die Urne anfühlen würde, wenn ich sie aus der Kirche zum Grab trüge. Musste ich weinen? War es seltsam? Tat es weh? Nichts davon. Es war genau richtig, und ich hätte nichts anders machen wollen. Ich nahm die Urne in meine Arme und drückte sie an mein Herz. Behütete sie. Im strömenden Regen trat ich aus der Kirche, jemand hielt einen Schirm über mich, alle Trauergäste folgten mir. Es waren nur ein paar Meter bis zum Grab, und auf diesem kurzen Weg hörte es auf zu regnen.

Ich streckte die Arme aus, drückte der Urne einen Kuss auf und ließ sie hinunter, mit dem roten Kussmund auf dem Deckel. Einer nach dem anderen ging vorbei und warf Blumen und Erde in das Grab. Langsam verschwand die Urne unter diesem Meer von Blüten. Ich stand daneben, jeder schüttelte mir die Hand und äußerte sein Beileid. Mittendrin riss der Himmel auf, und die Sonne schien in mein Gesicht. Ein Kuss von einem Engel.

Es war bestimmt Kai, der neugierig war und wissen wollte, wie seine Beisetzung ablief und wer denn nun dabei war. Er hatte die Wolken beiseitegeschoben und ließ uns ein kleines Stück strahlend blauen Himmel sahen. Blau wie seine Augen.

Weinte ich an diesem Tag? Nein. Lachte ich an diesem Tag? Ja. Damit Kai sah, dass Nils und ich es schaffen würden. Dass unsere Familie und unsere Freunde uns unterstützen. So konnte er seinen Frieden finden und sich ausruhen von den beiden letzten Jahren.

Und bis wir uns wiedersehen, halte Gott dich fest in seiner Hand …

25 Zweigeteilt

Bis Silvester trug ich schwarze Trauerkleidung, danach nicht mehr. Das bedeutet nicht, dass ich drüber weg gewesen wäre, natürlich nicht. Aber ich wollte den Vorhang öffnen für das neue Jahr, ich wollte Pläne schmieden, dass 2012 mein Jahr würde. In Schwarz geht das einfach nicht.

Die drei Monate zwischen Kais Tod und Silvester waren eigenartig, irgendwie unwirklich. Einerseits war ich froh, dass nun alles vorbei war. Froh, dass ich keine Angst mehr haben musste wegen Kais Schmerzattacken oder Halluzinationen. Dass das Klingeln des Telefons keine schlechte Nachricht aus dem Krankenhaus ankündigte. Dass ich meinen Tag so strukturieren konnte, wie ich wollte. Dass ich endlich wieder mehr Zeit für Nils hatte.

Andererseits dachte ich bei vielen kleinen Dingen: »Das mache ich jetzt das erste Mal allein.« Oder: »Das hätte Kai erledigt.« Oft stimmte es gar nicht, denn ich hatte während Kais Krankheit schon etliche von seinen Aufgaben übernommen. Trotzdem war es anders, es war keine Ausnahme, sondern würde ab jetzt immer so sein. Auch das ist ein bisschen verrückt, weil wir ja beide lange vorher wussten, dass er sterben würde. Aber diese »Vorschau« hatte eine ganz andere Qualität als das Leben dann annimmt, nachdem der Tod wirklich eingetreten ist. Ich hatte mir vorher nicht vorstellen können, wie scharf dieses Gefühl der Endgültigkeit ist, wie unglaublich präsent die Leerstelle bleibt, die ein Verstorbener hinterlässt.

Man denkt ja, eine Leerstelle sei ein »Nichts«, aber das ist sie keineswegs. Diese Abwesenheit macht sich auf geradezu brüllende Weise bemerkbar, sie ist aufdringlich, raumgreifend, körperlich spürbar. Die Trauer schmerzt – das muss man ganz wörtlich verstehen. Alles tut weh, sämtliche Glieder und Organe fühlen sich krank an. Besonders das Herz und die Seele, die sind grausam wund.

Das Bewusstsein dieses Verlusts baute sich erst nach und nach auf, es kam nicht sofort zum Vorschein. Ich spürte vor allem Kais Gegenwart, sehr intensiv sogar. Manchmal war es mir direkt unheimlich. Ein Sonnenstrahl im Nacken, ein kleiner Luftzug oder eine Tür, die ins Schloss fällt – das war Kai.

Anfangs weinte ich kaum. Das kam erst später, dann aber umso heftiger, meistens in der Nacht. Nachts ist man mehr allein als tagsüber. Was ich sehr vermisse, bis heute, ist Kais Atmen neben mir im Bett, das sichere Bewusstsein, dass er da ist. Anfangs nahm ich einen Pullover von ihm mit ins Bett, damit wenigstens etwas von ihm vorhanden wäre. Im Halbschlaf steckte ich manchmal die Nase hinein und schnupperte seinen Geruch, der noch in der Wolle hing. Oft schlief Nils auch im Ehebett, aber sein Atmen ist ganz anders, das konnte ich sogar im Schlaf unterscheiden.

Eine große Sache blieb noch zu erledigen: den Grabstein setzen. Ich wollte das unbedingt noch im alten Jahr regeln, auch um eine Art Schlussstrich unter diesen Abschnitt zu ziehen. Aber es war alles andere als einfach, natürlich weil für Kai nur der perfekte Grabstein infrage kam, meiner Ansicht nach. Die arme Steinmetzin zeigte mir einen Stein nach dem anderen, wir schritten endlos lange Grabreihen ab, damit ich etwas fand, was auch für Kai passte. Habe ich aber nicht. Ich hatte eine ganz bestimmte Vorstellung von der Farbigkeit. Ich kann gar nicht anders, als bei den meisten Menschen eine Farbe zu assoziieren, die mir typisch für sie erscheint, die sie sogar *sind*. Kai war für mich immer hellblau, wegen seiner intensiv blauen Augen und der hellen Haare dazu. Hellblau mit weißen Streifen – frisch, sanft, trotzdem energiegeladen. Und deswegen kamen alle diese üblichen Steine mit Rotstich oder gar mit gelblichem Einschlag einfach nicht infrage.

Die Steinmetzin bestellte Muster. Aber nein, es war nichts dabei, was nach Kai ausgesehen hätte. Sie war enttäuscht, aber dann fiel ihr noch etwas ein: »Kommen Sie doch mal mit. Einen Stein gibt's bei mir, den Sie noch nicht gesehen haben.« Wir gingen durch ihre Werkstatt und in den Hof, und ganz hinten, da stand er. Der richtige Stein. Kais Stein – unser Stein. Ein sehr, sehr heller Granit, weiß glitzernd in der Sonne, mit kleinen hellgrauen Einschlüssen. Ich wusste sofort: Das ist er, den nehme ich. Die Steinmetzin war erfreut: »Einen tollen Stein haben Sie da ausgesucht, es ist ein Granit aus Wisconsin, Cloud White heißt er.« Was für ein Name! Wie für Kai gemacht, der auf seiner weißen Wolke sitzt und mir zuschaut. Ich sprang in die Höhe vor Freude, die Steinmetzin dachte bestimmt, dass ich nicht ganz richtig im Kopf bin. Meistens hat sie wohl eher mit tieftraurigen Menschen zu tun als mit einer Witwe, deren Strahlen das ganze Gesicht beherrscht.

Ein Stein allein ist noch keine Form, die mussten wir erst finden. Auch sie sollte genau zu Kai passen, der gerade in seinem Handwerk sehr akkurat war, keine Fehler und Abweichungen duldete und lieber alles noch mal von vorn machte, als etwas Halbgares zu hinterlassen. Wieder Muster über Muster, wieder nichts dabei. Die Steinmetzin kannte mich ja jetzt schon, und so entwickelte sie aus Einzelheiten, die mir an den Mustern gefielen, und aus meinen Ergänzungen die Form.

Als ich die Skizze sah, war ich begeistert: Genau so hatte ich mir den Grabstein vorgestellt! Er ist ein hoher Quader, ganz schlicht und gerade, ohne jegliche Rundung. Oben sparten wir einen Teil aus – für Kais Fenster. Er wollte ja in seinen letzten Tagen unbedingt noch ein Fenster einbauen, das bekam er jetzt hier. Es besteht aus einem handgefertigten blau schattierten Glasbaustein, der nicht ganz eben ist, sondern so aussieht, als würde er kleine Wellen schlagen. Es ist das Blau seiner Augen, des Himmels, des Gardasees, der Weite, des Sommers … Einfach ein wunderbares Blau. Der Glasstein ist mit Schrauben in die Aussparung eingehängt und ragt ein bisschen über die Kante des Granits hinaus. Es wirkt, als ob er schwebe.

Ich stelle mir vor, dass die Menschen, die vor dem Grab stehen, das Ganze als Fenster begreifen, als Aufforderung, einen Blick zu riskieren in Gebiete, die ihnen fremd sind und an die sie sich nicht so recht herantrauen. Das können Sterben und Tod, aber auch ganz andere Themen sein, vor denen sie Angst haben. Auf Dauer kann man den schrecklichen oder traurigen Dingen nicht ausweichen, schon gar nicht durch Wegschauen. Alles, was man verdrängt und nicht wahrhaben will, kommt irgendwann hoch – an Stellen, an denen man es nicht erwartet, und mit enormer Kraft. Auch deshalb bin ich so froh, dass Kai und ich nie die Augen vor dem Schicksal verschlossen haben, das uns erwartete. Dass wir gemeinsam das Trauern begonnen haben.

Wir konnten die Zeit, die wir hatten, zusammen abbauen und verpacken, wie eine Legostadt. Mit diesen Bausteinen kann ich mir etwas Neues bauen, ich muss ja nicht alle Steine verwenden, vielleicht lasse ich ein paar blaue aus. Und den Grundstein für das Neue haben wir sogar gemeinsam gelegt.

Vor dem ersten Weihnachten und dem ersten Silvester ohne Kai war mir bange. Was vollkommen überflüssig war, denn es wurde wunderschön. Wie immer waren wir im Vogtland, bei meinen Eltern. Und wie immer gab es am Abend vorher ein Klassentreffen in der Wirtschaft. Die meisten kannten mich und Kai als Paar, und zunächst waren sie ein bisschen befangen, wie ich reagieren würde, wenn sie mich etwas zu ihm fragten. Aber es gab überhaupt kein Problem, sondern nur viele Geschichten von früher, natürlich auch von seiner letzten Zeit. Ich spürte das echte Interesse und die Sympathie, die sie für Kai und mich hegten. Wir haben viel erzählt und sehr viel gemeinsam gelacht.

Dann der 24. Dezember: Kirchgang, Abendessen, Bescherung. In der großen Familienrunde erinnerten wir uns an das letzte Fest mit Kai, als er zu viel Ente und Klöße aß und dann auf der Couch lag. An andere Weihnachtsfeiern, an Familiengeschichten, mit und ohne Kai. Die Geborgenheit, die ich früher empfand, wenn wir alle zusammen waren, den geschmückten Baum bewunderten und die Lieder sangen, war auch jetzt wieder zu spüren, sogar ohne Kai. Das trug mich über alles hinweg, sogar über das Heimkommen, das erste Mal nach einem Weihnachtsfest ganz allein in ein leeres Haus.

Zu Silvester lud mich eine Arbeitskollegin ein. Sie und ihr Freundeskreis kannten Kai nicht, hatten ihn höchstens ein paar Mal gesehen, wenn er mich auf der Arbeit kurz besuchte oder etwas vorbeibrachte. Ich war überrascht, wie angenehm und leicht es sich anfühlte, bei jemandem zu sein, der mit den Ereignissen der letzten zwei Jahre nichts zu tun hatte.

Um Mitternacht wollten wir auf dem Bayreuther Festspielhügel die Korken knallen lassen und ein Feuerwerk zünden. Aber es regnete wie aus Eimern, alles war nass, und keine Rakete zischte hoch. Die Glocken begannen zu läuten. Ich dachte an Kai und an unser Leben und weinte bitterlich. Die Tränen flossen mir übers Gesicht, der Regen strömte herab, und so verabschiedete ich mich von 2011, von unserem Jahr, Kais und meinem. »Mach's gut Kai. Es beginnt eine neue Zeit. Ohne dich, ohne Krankheit. Ich mach das Allerbeste draus, das versprech ich dir.« Noch heute sticht es in meiner Brust, wenn ich daran denke. Und doch: Kurz nach Mitternacht kehrten wir in die Wohnung der Kollegin zurück, alle pitschnass, und tanzten in ihrer Küche bis morgens früh um fünf, ein ausgelassener Willkommensgruß für das neue Jahr.

Wenn mich heute jemand fragt, wie es mir geht, dann antworte ich, ohne zu zögern: »Mir geht es gut!« Das stimmt. Nur nicht immer und jederzeit. Ich erlebe meine Traurigkeitsüberfälle, habe gelegentlich grässliche Träume und manchmal große Sehnsucht. Ich lebe ein anderes Leben als früher, ein Leben, in dem etwas fehlt. In dem jemand fehlt. Das wird auch so bleiben, davon bin ich überzeugt. Das Gefühl wird vielleicht etwas blasser werden, aber es wird nicht verschwinden. Und das ist ja auch richtig so. Ein solcher Verlust kann nicht wettgemacht werden, die Lücke wird durch nichts und niemanden geschlossen. Das heißt aber nicht, dass Männer für mich uninteressant wären oder ich mich nicht wieder verlieben will. Und selbst wenn ich irgendwann zum zweiten Mal heiraten sollte: Es wird eine neue, eine andere Ehe. Sie ist kein Ersatz für das, was verloren ist. Auch um des neuen Mannes willen nicht, er soll ja kein Lückenbüßer sein.

In vielerlei Hinsicht fühle ich mich zweigeteilt. Ich bin allein, das heißt, ich kann einerseits alles genauso machen, wie ich will, brauche mich mit niemandem abzustimmen oder irgendwelche Rücksichten zu nehmen. Andererseits fehlt mir manchmal einfach eine unterstützende Hand oder eine starke Schulter zum Anlehnen. Ich bin durch die Erinnerungen im alten Leben verwurzelt, aber genauso lebe ich mein neues. Ich komme gut zurecht, aber gleichzeitig empfinde ich manches als deutlich anstrengender als früher.

Ich bin härter und weicher zugleich geworden: härter, weil ich nur so mein Leben stemmen kann, weicher, weil ich manches nicht mehr so verkniffen sehe wie früher. Wenn Kai heute zur Wohnzimmertür reinkäme, nachdem er auf der Terrasse eine geraucht hätte, würde ich nicht mit ihm meckern wegen des Geruchs, sondern mich freuen, dass er da ist.

Ich lache gern und bin ein fröhlicher Mensch, gleichzeitig

weine ich noch immer manche Nacht durch, was man mir aber am nächsten Morgen nicht ansieht; deshalb meinen manche Menschen, dass ich gefühllos bin, vielleicht sogar abgebrüht. Aber das stimmt nicht. Kais Wärme fehlt mir entsetzlich, das Kuscheln auf dem Sofa, der schnelle Kuss im Vorbeigehen. Und seine Großzügigkeit vermisse ich auch. Er hat mich so genommen, wie ich bin, nie musste ich mich bei ihm verstellen. Es zieht mich zu ihm nach oben. Ich stelle mir vor, dass er auf mich wartet und die Straßen im Himmel für mich pflastert, himmelblau natürlich. Aber Nils hält mich hier unten, und darüber bin ich glücklich. Mein größtes Ziel ist, dass es ihm gut geht.

Noch immer bekomme ich die Sache mit dem Tod nicht richtig zu fassen. Dass jemand einfach aufhört zu atmen. Weg ist, tot ist. Das ist und bleibt etwas Rätselhaftes. Ich nehme an, dass ich es erst verstehe, wenn ich selbst sterbe. Ich habe vor dem Tod keine Angst mehr, das ist auch eine Konsequenz aus Kais Sterben. Kais Sterben war das Allerintimste, was wir beide je erlebt haben. Mit Haut und Haaren haben wir beide uns darauf eingelassen. Weil uns nichts anderes eingefallen ist, als es so zu nehmen, wie es kommt. Ich bin überzeugt davon, dass es so richtig war. Und dass es die Grundlage für mein Weiterleben ist.

Seit Kais Tod gehe ich pfleglicher mit dem Leben um. Normalerweise denkt man nicht darüber nach, was passieren kann, man hält es für gegeben, dass ein Tag dem anderen folgt, bis in alle Ewigkeit. Man schließt das Ende aus seinen Gedanken aus. Mir jedoch ist viel deutlicher als früher bewusst, dass irgendwann der letzte Tag kommt, früher oder später. Und dann kein neuer Tag mehr folgt.

Aber das stimmt mich nicht traurig, sondern im Gegenteil lebensfroh.

Ich weiß jeden Tag bis dahin sehr zu schätzen. Ich freue mich an vielem, an kleinen Zeichen des Lebens wie den ersten Schneeglöckchen im Garten. Das ist das allergrößte Geschenk für mich, dass ich so geworden bin, so dankbar und dem Leben zugewandt.

Deshalb habe ich auch nur wenige Monate Trauerkleidung getragen. Weil sie zu dieser lebensbejahenden Haltung nicht passt, anders gesagt: Schwarz steht mir einfach nicht. Ich liebe – trotz allem – mein neues Leben, es gelingt mir gut, und darauf bin ich stolz. Es gelingt mir, weil ich den Tod als Teil des Lebens akzeptiere. Weil ich ihm nicht ausweiche oder die Augen vor ihm verschließe. Und deshalb brauche ich auch nicht nach Schema F zu trauern. Mein Leben geht weiter, und es ist schön.

Heute bin ich eine andere als früher. Ich habe eine unglaubliche Wandlung vollzogen und bin endlich zu mir selbst gekommen, statt immer nur so zu sein, wie andere mich haben wollten oder wie ich glaubte, dass sie es wollten. Diese Veränderung verdanke ich einzig und allein der Tatsache, dass alles so geschehen ist, wie es geschah. Mein Schicksal mag traurig erscheinen, und das ist es auch. Aber es ist eben nicht *nur* traurig, es bietet mir viele großartige Chancen. Kais Krankheit und Sterben haben mir den Weg zu mir selbst geöffnet – weil ich standgehalten habe. Erst dadurch habe ich mich selbst entdeckt, und darüber bin ich sehr glücklich.

Das große Ganze liegt nicht in unserer Hand, das hat mich Kais Tod gelehrt. Aber es ist an uns, dass wir uns den

Widrigkeiten stellen und das Gute sehen, nicht nur den Schatten wahrnehmen, sondern auch die Sonne entdecken, die dazugehört. Manchmal muss man sehr aufmerksam und lange suchen, bis man sie findet. Aber sie ist da.

Stimmt doch, Kai, oder?

Danksagung

Dieses Buch ist ein Teil meines Lebens. Und ein wichtiger Teil meines Lebens ist in diesem Buch. Bis es so weit war, haben mich Freunde, Bekannte, Nachbarn, Kollegen, Mediziner und viele andere liebenswerte Menschen begleitet. Für kurze Abschnitte, Stippvisiten, längere Wegstrecken und bis heute. Jedem einzelnen Danke zu sagen, dafür müsste glatt noch ein weiteres Buch geschrieben werden. Denn ohne beständige Hilfe, unendliche Zuneigung, ehrliche Worte, tröstende Gesten, lachende Stunden, aufklärende Gespräche, heiße Diskussionen, innige Gebete, schallende Lieder, breites Gekicher, spannende Kinoabende, durchtanzte Nächte oder erholsame Ruhe hätte ich die letzten Jahre sicher nicht so gut bewältigt und wäre auch nicht der Mensch geworden, der ich heute bin. Jedem Einzelnen bin ich aus tiefstem Herzen dankbar für das, was er für mich und Nils getan hat. Jeder Einzelne macht mein Leben besser und bunter.

Am meisten aber möchte ich meinen Eltern danken. Sie sind immer für mich da – mit Rat und Tat, Liebe und Sorge. Sie würden ihr letztes Hemd für mich geben und stehen immer hinter mir. Meine Mutter, mit der ich einen unglaublichen Weg der Entwicklung gehe; mein Vater, der mit musikalischen Kostbarkeiten und Fundstücken mein Herz erwärmt. Ich würde sie gegen nichts und niemanden eintauschen wollen und bin stolz, ihre Tochter zu sein.

Meine Schwester ist mein Herz. Ein Teil von mir. Sie war rund um die Uhr für Nils und mich da, als Kai begonnen hatte, zu sterben. Von Kindesbeinen an ist sie einer der wichtigsten Menschen in meinem Leben. Diese enge, vertraute Beziehung strahlt auch auf ihre beiden wunderbaren Kinder und ihren Mann aus, sie alle sind in meinem Leben fest verankert.

Meinen Großeltern danke ich für ihre ausdauernde Hilfe und ihre spontanen Einsätze, wenn Nils morgens mal wieder mit Fieber aufwachte. Sie waren einfach da, wenn es nottat. Kais Eltern, seinen Geschwistern, allen, die zur Familie gehören, danke ich für jede Umarmung, für liebevolle und umfassende Ferienbetreuungen, leckeres Lieblingsessen, für jedes gute Wort, alle bleibenden Erinnerungen und gemeinsamen Geschichten, für geschlepptes Holz, gestrichene Decken, tapezierte Wände und alle anderen unbezahlbaren handwerklichen Hilfen in Ferien- und Freizeiten.

Dr. Andreas Hübner erklärte sich selbstlos bereit, die medizinischen Inhalte mit besonderem Augenmerk zu betrachten. Er half mir bei diesem Projekt aber nicht nur als Arzt, sondern auch als mittlerweile lieber Freund.

Ich danke Christian Müller, der mich überhaupt erst dazu gebracht hat, dieses Buch zu schreiben. Der von Beginn an an mich und meine Fähigkeiten geglaubt hat. Er holt mich auf den Boden der Tatsachen zurück, wenn ich übers Ziel hinausschieße, stärkt mir den Rücken, wenn es nötig ist, und hält mich im Zaum, wenn ich mich verzettele. Ihm und seiner Frau Katrin Müller verdanke ich, dass das Buch »Schwarz steht mir einfach nicht« auf die Welt gekommen ist.

Doris Mendlewitsch hat meinem Buch Leben eingehaucht – mit schriftstellerischer Profession und hoher Emotionalität. Dabei hat auch sie an eins meiner hellblauen Bänder angedockt. Ich hätte mir keine bessere Unterstützung wünschen können. Ich bin so dankbar für all ihre Arbeit. Am meisten aber danke ich ihr dafür, dass sie mich verstanden hat. Mein Herz. Meine Seele. Meinen Kopf.

Ich danke Angelica Schwab vom Ludwig Verlag für ihr unglaubliches Engagement und dafür, dass sie vom ersten Moment an mich und meine Geschichte geglaubt hat.